JN107081

看護学部
小論文入試問題
解答文例解説集
第❸集

―出題傾向・攻略法・文章分析―

慶應義塾大・聖路加国際大・北里大・国際医療福祉大・防衛医科大・看護の５大学の最新問題（2022年度）を中心に 2022 ～ 2017 年度から厳選 25 題を収録

関根　和男

本書の使い方

第一段階　<u>すぐに解答例を読まないこと！</u>

① 問題のネライが何かを見抜く必要があるからです。
　＊ネライを見抜けなければ、出題者の求める解答にはならないから。

② まずは、どのような文章になるかを受験生自身の頭で考えること。

③ どこに発想力や思考力が要求されている問題なのかがわかるから。

④ 解答例を先に見てしまったら、発想力や思考力がひらめかない。

⑤ 解答例だけ読んで、わかった気になってはいけない。

⑥ 受験生自身が自ら書く文章なのです。

⑦ ヒントがあれば、書けて当たり前なのです。

⑧ それでも、思いつきの文章では通用しません。

⑨ そのためにも問題や課題文だけ読んで解答の文章を考えるのです。

第二段階

⑩ ひと通り読んだら、自分の書いた文章と解答文例とどこが違うのか念入りに読むこと。

⑪ 自分の文章に何が不足しているのか、
　例えばⒶ問題文に対する知識
　　　　Ⓑ問題文を読んで何をどう考えるかということ。
　　　　　何を　　　　　—読解力

どう考えるか　―思考力・発想力

ⓒ文章展開力―例えば、自分の考え方（持論）の展開

⑫ 解答文例から自分に足りないところを発見し、あらゆる方法を用いて補うこと。

⑬ 解答文例にどこまで近づけるかが、レベルアップの目安です。

解答文例について

⑭ 解答文例はひとつの例文にすぎません。

⑮ 当然、ほかの例文も多々あるでしょう。

⑯ 受験生が適宜、解答例文を利用できるように難解な表現は控えています。

一般的な文章の条件とは、

⑰ 見てよし、読んでよし、聞いてよしです。

医療人として、知識・学力は必要条件です。では、十分条件は？

〝よい表現は、よい人生を開き、よい医療人を育てる〟

を目標に頑張ろう!!

著者より

※本文の中で「第１集」とあるのは、『私立大学看護学部小論文入試問題解答文例集』（関根和男著・エール出版社刊・2019 年 11 月 20 日発行）、「第２集」とあるのは、『看護学部小論文入試問題解答文例解説集』（関根和男著・エール出版社刊・2022 年 10 月 5 日発行）の本のことです。（編集部注）

＊もくじ＊

第１章　出題傾向・攻略法・文章分析

（関根による）分析の視点→持論の分野（○○論・○○学）

⑤　SDGs は国連が定める「Sustainable Development Goals(持続可能な開発目標)」の略称です。国連サミットで採択されたもので、「2030 年までに持続可能でよりよい世界を目指す国際目標」を掲げていますが、これは国や政府、企業だけが意識すべき目標ではなく、私たち一人ひとりにも個人の生活や意識の変革を必要とするようなターゲットが設定されています。この目標のうち、目標３に掲げる「すべての人に健康と福祉を」を実現するためには、どのような取り組みが必要でしょうか。あなたの考えを述べなさい。**（5 歳になれない子どもがいる・予防接種・ワクチン・予防医療制度・感染症）**

⑥　本来大人が担うと想定されている家事や家族の世話などを日常的に行っている18歳未満の子どもたち、いわゆる“ヤングケアラー”を取り巻く深刻な問題とその解決策について、あなたの考えを述べなさい。**（ヤングケアラーが発生する理由・現状の問題点）**

⑦　国立社会保障・人口問題研究所の将来推計によれば、2025年の単身世帯（一人暮らし）は、約2000万世帯になり、6人に1人強が1人暮らしになるとみられています。50代以上の年齢階層で単身世帯数が増え、とくに80歳以上の単身世帯の増加が予想されています。この状況が社会に与える影響とその解決策について、あなたの考えを述べなさい。**（単身高齢者の問題・孤立による問題点・高齢者増加による社会問題）**

⑧　2021年夏に開催された東京オリンピック・パラリンピックは1年延期されたうえ、原則無観客での開催となり、新型コロナウイルスの感染対策で選手や関係者の行動が厳しく管理される異例ずくめの大会になりました。あなたは東京オリンピック・パラリンピックが開催されたことをどのように評価しますか。この大会を通じて、あなたが受けた感動もしくは影響をふまえ、あなたの考えを述べなさい。**（どんな点で評価されるのか・無観客試合の中での影響として考えられることは何か）**

⑨　インターネット上で気軽にコミュニケーションを行うことができるようになった一方で、匿名のまま不特定多数に向けて特定

個人の誹謗中傷を書き込むなどのネットの悪質な行為が深刻な社会問題となっています。その背景と、あなたが考える解決策について、あなたの考えを述べなさい。**（悪質な行為・情報リテラシーを養うこと）**

2-2　防衛医科大学校看護学科小論文問題一覧表 2021 ～ 2017・2022 年度の問題（⑩～⑮）

※⑩～⑮の詳細は第１章 2-2（25 ～ 26 ページ）を参照のこと。

第２章　問題・解答文例

第 1 章

出題傾向・攻略法・文章分析

1　攻略法

①　四大看護学科は、課題文型小論文が多い。

②　課題文型小論文の書き方をマスターする必要がある。

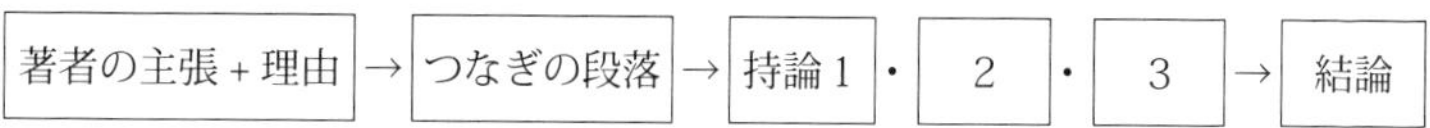

課題文型小論文の中で、著者の主張に対する**将来の医療人としての自分の考え方を、どれだけ論述できる**かである。

よって、論述できる**考え方のマスター**である。

考え方⇒1看護論・医療論・福祉論

2人間観・社会観

3高齢化社会を前提に高齢化・少子化問題

4科学と文明論（医学・医療は高度な科学技術文明）

＊**特に将来の医療人として1・2・3に対しての考え方があるかどうかが試される**。**看護小論文は進路適性試験でもある。**

③　「初心者が飛躍的に上達する」秘訣とは？

④　小論文⇒○論理的な文章である。

論理が分かれば確実に上達する。

積み重ねがあれば飛躍する。

×文学的・芸術的な文章ではない。

⑤　小論文は⇒三文の要素が重要である。

三文とは、結論・理由・具体例である。

⑥　小論文評価の重要点⇒結論・理由・具体例の箇所が明確に表現されているかである。
＊結論の捉え方は、主張・意見・問題点でもある。

⑦　小論文の「書き出し」は、
▶ 1.　設問文をそのまま繰り返す。
例「**○○について**述べなさい。」（設問文）の場合
答「**○○について私は**～と考えている。その理由は……からである。」
▶ 2.　結論から書く。
＊文章展開は「小結論—本論—大結論」となる。

⑧　受験小論文の上手な文章展開。
A 甘口型 → 序論 — 本論—結論
B 辛口型 → 小結論—本論—大結論
C 激辛型 → 大結論—本論—新たな大結論

合格を目指すためには → 辛口型か激辛型だ！

医療人として、知識・学力は必要条件です。では十分条件は？
“よい表現は、よい人生を開き、よい医療人を育てる”
を目標に頑張ろう！！

2-1　最新小論文入試問題
（2022 年度①～⑨の大学の問題）

①　慶應義塾大学　課題文型

・四大看護医療系学部で小論文がある場合、
　出題傾向として、A　時事キーワード型
　　　　　　　　　B　医療キーワード型
　　　　　　　　　C　AとBの混合型
　に分けてとらえられるが、同大学はB 型が多い。
・また、小論文は課題文型である。
・出題者のネライとしては、設定テーマを見抜ける、文章の構成力・医療用語を駆使して書けるかである。また、医療用語を全く使わないものもある。

ここから以下は、 この本の第２集とほぼ同じ。

・過去の問題と出典の紹介
　＊（　　）内は関根による分析の視点
2020 年度　課題文型　出典　増本康平著　『老いと記憶　加齢で得るもの、失うもの』
問題１　下線部１「認知症の症状の程度や加齢に伴う認知機能の低下に、個人差がみられる」理由を、本文の内容を踏まえて 200 字以内で説明しなさい。
（認知機能の低下・予備力・その他の予備力を高めるもの）

問題２　下線部２「脳トレの点数が数点あがることは、日常生活の物忘れが一つなくなることを意味しない」のはなぜか。「効果の転移」の概念を用いて500字以内で論じなさい。

（効果の転移・訓練効果の転移・水平方向・垂直方向）

2019年度　課題文型　出典　若松英輔著『魂にふれる―大震災と、生きている死者―』トランスビュー、212～217頁より抜粋

問題１　下線部１の「病む者に元気になってと声をかけることが、いかに残酷であるか」について、なぜそのように指摘しているのか、本文の内容を参考に100字以内で述べなさい。

問題２　下線部２の「苦しむ者は、多く与える者である。支える者は、恩恵を受ける者である」とはどのようなことか。本文の内容を参考に説明し、それに対するあなたの考えを加えて600字以内で述べなさい。

キーセンテンス→「病者は、差し出された手にどんな思いが流れているかを、敏感に感じ取る。」

→「病者は、介護者の不安やおののきまでも、協同を築く土壌にしようとする。それは、大地が朽ちたものを糧に不断のよみがえりを続けるに似ている。」

（終末期医療で患者を看取る時に、患者や家族に対して配慮すべきこと）

＊参考としての類似問題→横浜市立大学・医学部〈看護〉2015年度小論文　≪終末期医療における「二人称の死」≫

＊2020年度（認知機能の低下）と2019年度（終末期医療・看取り）の問題は医療に関する問題であった。

＊2018～2015年度までの分析の視点などは第1集に収録

②・③　聖路加国際大学　課題文型・データ型

・四大看護医療系学部で小論文がある場合、
　　出題傾向として、Ａ　時事キーワード型
　　　　　　　　　　Ｂ　医療キーワード型
　　　　　　　　　　Ｃ　ＡとＢの混合型
　に分けて捉えられるが、同大学はＡ型でもＢ型でもない。まして
Ｃ型でもない。
・出題者のネライとしては、設定テーマを見抜ける、文章の構成力・医療用語を駆使して書けるかである。また、医療用語を全く使わないものもある。慶應義塾大学や北里大学とほぼ同じである。

ここから以下は、【この本の第２集とほぼ同じ。】

【▶最新・ここ数年の問題と傾向】
・いずれも思考力・発想力が必要であるが、2021年度人間観、人生観からの発想力があると十分書ける。
・一方、2020年度Ｂ方式と2019年度Ａ方式は、従来のように、
【設問に対する答え（自分の考え）】＋【補足説明文】＋【つなぎの段落】
と続けば、残りは看護論、医療論、福祉論　の持論で書ける。

15　2021年度―看護（Ａ方式）　課題文型　自動システムと熟慮システム

問題３　あなたの経験の中で「熟慮システム」を用いて行動した結

果、失敗したと思うことを具体的に述べてください。さらに、その経験を基に変えた自分の行動にについて記述してください。（400 ～ 500 字）**（熟慮の捉え方）**

16　2021 年度－看護（B 方式）　データ型　平均寿命と健康寿命の差

問２　「平均寿命」と「健康寿命」に差がある事実について、あなたの考えを述べなさい。（600 字程度）

（健康寿命・生活習慣病）

17　2020 年（令和２年）度－看護（A 方式）　データ型　世界の栄養不良の有病率　2005 ～ 2017

問２　飢餓に苦しむ人々を世界中からなくすために、日本全体としてどのような取り組みを行ったらよいでしょうか。あなたの考えを 600 字以内で述べなさい。

（SDGs・持続可能な開発）

18　2020 年（令和２年）度－看護（B 方式）　課題文型

出典　ブレイディみかこ著『ぼくはイエローでホワイトで、ちょっとブルー』（新潮社　2019）

以下の文章を読み、「エンパシーとは何か」と問われたとき、あなたならどう答えるかを記述してください。そして、あなたの体験や見聞したことを例にあげ、なぜそのように考えるのかについて論じてください。（800 字～ 1000 字で記述すること）

（共感・感情移入）

19　2019年（平成31年）度ー看護（A方式）　短文テーマ型

問　日本語の「諦める」は、「断念する」という意味で使われるが、その語源は「明らめる」であると言われ、「諦」という漢字の意味は「明らかにする」である。これら両方の意味を踏まえた上で、「諦めが肝心」という言葉の意味について、あなたの考えを述べなさい。（600字～800字）

＊18の後半は19の後半とほぼ同じ解答例で通用します。

20　2019年（平成31年）度ー看護（B方式）　データ型　表　最終学歴と死亡の関連性

問2　学歴などの社会経済的地位による健康状態の格差は健康の社会格差とよばれている。この健康の社会格差に関し、社会経済的地位や健康管理は個人の努力の結果であり、自己責任であるという意見と自己責任だけではなく社会の問題として考えるべきという意見がある。これについて、どちらの意見を支持するかを明確にした上で、あなたの考えを600字以内で述べよ。

＊2018・2016年度は第1集に収録

④　北里大学

ここから以下は、　この本の第2集とほぼ同じ。

・四大看護医療系学部で小論文がある場合、

出題傾向として、Ａ　時事キーワード型

Ｂ　医療キーワード型

Ｃ　ＡとＢの混合型

に分けてとらえられるが、同大学はＡ型でもＢ型でもない。まして C 型でもない。また、医療用語は全く用いていない課題文型である。

- 重要なことは、課題文のなかで述べられた著者の主張＋理由（小論文全体の約３分の１の分量）に関連させて、どれだけ自分の考え（持論）を残りの分量（全体の約３分の２）で述べることができるかである。
- 持論の考え方の発想は、基本的に看護論・医療論・福祉論であり、この発想に基づいて医療用語を関連させるのである。要するに、課題文を読んだ時に、どれだけの捉え方や発想力のある将来の医療人としての適性があるかを試されているのである。
- よって、看護論・医療論・福祉論という持論を課題文の内容によって使い分けできるようにストックしておくことが合格への秘訣であろう。なお、看護論・医療論・福祉論の捉え方の詳細は下記の通りである。

① 看護論　・看護師としての考え方・生き方・ナイチンゲールの言葉など
② 医療論　・言葉・話・コミュニケーションなど
③ 福祉論　・対人間・対社会・ボランティアなど

最新の出題傾向は、2018 ～ 2016 年度の時期のような問題は、見られない。むしろ、2021 年度～ 2019 年度では、持論①看護論、②医療論、③福祉論を使い分けて書く従来のような問題にもどった。特に、思考力・知恵と知識（2021 年度）、心の交流・看護論（2020 年度）、読書論・生き方という人間論（2019 年度）として捉える問題であった。

▶ 2018 ～ 2016 年度

2016 年度の入試問題から約３年連続で、出題の傾向が変化した。考えてみればその前年に、大村智教授がノーベル医学生理学賞を受賞している。大学の全学部がレベルアップしたように思われる。課題文型小論文は従来と同じであるが、

これまでのような答案、

筆者の主張 ＋ その理由 → つなぎの段落 → 持論１／２／３ → 結び

という単純な文章展開ではなくなってきた。

【課題文の出典】　　**持論の分野（○○論・○○学・○○系）**

2018 年度　「下り坂をそろそろと下る」平田オリザ著　講談社現代新書

文明論と文化論・**社会医学**・**基礎医学**

2017 年度　「森の力　植物生態学者の理論と実践」宮脇　昭著　講談社現代新書

生命倫理に関する医療用語・**看護論**

2016 年度　「ロボットとは何か　人の心を映す鏡」石黒　浩著　講談社現代新書

AI に関する一般論と医療論

特に、持論は看護論、医療論、福祉論以外に**新たに AI（人口知能）の医療分野からの展開**、**生命倫理を前提とした基礎医学の問題点**、**社会医学**などは、必須課題であろう。

・但し、2016 年度入試から AI、生命倫理、文明論と文化論が新た

に出題された。

（参考） 過去問題　すべて課題文型小論文のため、出典名・著者名・分析の視点を下記にあげる。
また、設問文は「著者の主張をふまえ、あなたの考えを800字以内で記述しなさい。」（2017年度）である。

【課題文の出典名】	【分析の視点・持論（例　看護論）】
2018（平成30）年度	下り坂をそろそろと下る **（文明論・文化論）** 平田オリザ著　　講談社現代新書
2017（平成29）年度	森の力　植物生態学者の理論と実践 **（生命倫理・医療論・看護論）** 宮脇　昭　著　　講談社現代新書
2016（平成28）年度	ロボットとは何か　人の心を映す鏡 **（AIの一般論と医療論）** 石黒　浩　著　　講談社現代新書
2015（平成27）年度	旅の人、島の人 **（医療論・福祉論）** 俵　万智　著　　ハモニカブックス
2014（平成26）年度	コミュニケィションのレッスン　聞く・話す・交渉する **（医療論・看護論）** 鴻上尚史著　　大和書房
2013（平成25）年度	「話す」「書く」「聞く」能力が仕事を変える！伝える力 ＊2014年度と類似内容・略 池上　彰　著　　PHP研究所

2012（平成24）年度　「老い」の作法　100歳まで笑って生きる67のヒント

（**人間観**）

渋谷　昌三　著　　成美堂出版

2011（平成23）年度　人間の器量

（**人間観・医療論**）

福田　和也　著　　新潮新書

⑤～⑨　国際医療福祉大学　テーマ型【持論（例　福祉論）】

▶最近の出題傾向

2022年度までの数年間を考えると、テーマ型のビッグキーワードは類似のものが出題されていることに注目したい。

2022年度の問題で見ると、⑨のテーマである「インターネットの悪質な行為の背景とその対策」（要旨）の問題は、**2021年度**の「インターネット利用者が低年齢化し、利用時間が増加しています。青少年がインターネットを正しく利用するためには、どのような対策を講じるべきだと思いますか。あなたの考えを述べなさい。」と**インターネットというビッグキーワードは同じ**である。

以下は、第２集と同じ。

・四大看護医療系学部で小論文がある場合、

出題傾向として、A　時事キーワード型

B　医療キーワード型

C　AとBの混合型

に分けて捉えられるが、同大学はA型が多い。

・また、小論文は（短文）テーマ型である。

・１カ年の入試区分では６種類以上あるが、同じ問題とは限らない。

▶最新・ここ数年の問題と傾向

・**2021 年度の小論文問題のキーワードは**

→　**格差、監視カメラのメリット・デメリット、オンライン診療のメリット・デメリット、インターネットのメリット・デメリット、コミュニケーションの変化**

・2020 年度では、

→　**外国人労働者の受け入れ拡大、効果的な少子化対策、安心して暮らせる未来社会（これは、女性の社会進出と高齢者の活用**と捉えられる）

・2019 年度では、

→　**こども食堂（メリット・デメリットと貧困対策として捉える）**

高齢ドライバーの事故、多職種間連携、成人年齢

ここから以下は、この本の第１集の収録と同じ。

2018 年度から 2016 年度までの約３年間の出題では類似問題が多い。分析の視点は多少変わっても問題となるキーワードは、ほぼ同じであるからキーワードについてのテーマ型小論文の作成を、是非とも提案したい。次のキーワードに限定はできないが、合格へのチャンスと捉えたい。

例　**海外からの観光客**　　**介護職員の外国人の活用**

人工知能　　**若者の活字離れ**　　**地方の活性化**

＊２回以上出題された。

・また、2017年度の特待生入試（2016年12月に実施）は「介護離職」であった。「介護」に関しては、分析の視点は異なるが2016年の一般入試では（「介護職の人材不足を中国や東南アジアの労働力活用を促進する際のメリットとデメリットを説明したうえで、あなたの考えを述べなさい。」）とあった。

・過去問題からも、分析の視点を変えた準備をすることが望まれる。

・近年は最頻出の時事キーワードからの問題がある（例　「AIの扱い方」2018年度）。

・一方、時事キーワードであっても、2015年度一般入試前期の温暖化の対策や情報化社会の功罪では下記の例のように、看護医療系の発想で何を問題にしなければ大学側の求めた内容にならないかをよく見抜かなければならない。なぜなら、小論文も進路適性検査であるからである。

例　「温暖化の対策」の場合

　一般的には　→二酸化炭素を削減するための対策。

　看護医療系　→熱中症・感染症・食品の安全・水質汚染・虚弱な高齢者の死に対する対策。

例「情報化社会の功罪」

　一般的には　→インターネット社会の問題 / 情報公開法とプライバシーの侵害など。

　看護医療系　→患者さんが病名をインターネットで調べ不安

になった、その情報は正しいか等々、情報リテラシー（情報の取捨選択・活用・養成能力）の問題。電子カルテの問題。

・出題テーマは**時事キーワードが多岐にわたっており、その中から医療キーワードに関連するものから攻略することが一石二鳥である。**とにかく広範囲なので、早い時期からの準備が必要である。

▶参考　第1集の収録より

テーマ型　2014年（平成26年）度一般入試前期B日程
　　　　　国際医療福祉大学・保健医療学部　攻略法・詳細部

＊この大学の小論文の出願形式はすべてテーマ型である。

【小論文問題】

あなたはボランティア活動に参加する意義について、どのように考えますか。

出題者のネライ

・理解力・きめ細かな文章表現力・将来の医療人としての発想力。

キーワード

・一般常識としてのボランティアである。時事キーワードであるが、医療的側面にも目を向けること。

書き方のポイント

・一般常識としてのボランティア活動についての知識と、看護論及び医療論の発想力が試されていることを意識した文章を書くことが重要である。
・ボランティア活動は、看護医療論・看護福祉論・看護技術論にも展開することができるが、看護医療論で書くほうが望ましい。

看護医療論…看護師が患者さんに対して、どう関わるか、接するか、要はお世話のあり方。

看護福祉論…看護師の患者さんに対する社会的側面（人口に対する看護師数など）。

看護技術論…看護師が患者さんに接する際のお世話の技術的な側面（清拭・ベッドメイキング等）。

・ボランティア活動の中にでてくる人間を、時には医療人、時には患者さんに置き換えると書きやすい。

2-2　防衛医科大学校看護学科小論文問題一覧表 2021～2017・2022年度の問題（⑩～⑮）

＊今回は、分析の視点としてのキーワードの紹介はナシ！

＊分析の視点は、「３」の攻略法で紹介している。

＊関根による分析の視点 →（例　看護論）

⑩　2021年　「むこう側」

(令和３年) 度　第７回忘れられない看護エピソード　看護職部門

課題文型　入選「むこう側」から引用

問　このように患者さんから、意図しない怒りをぶつけられた時、どのように対処したらよいと考えますか。患者さんへの対処法と自分自身のストレス対処法とに分けて800字以内で述べなさい。

⑪　2020年　「実相が見える」

(令和２年) 度　松下幸之助著「素直な心になるために」PHP文庫

課題文型　2004年

問　筆者が述べている「素直な心」を簡単に要約した後、「素直な心」が大切な理由は何か、あなたの考えを800字以内で述べなさい。

⑫　2019年　「知ることと考えること」

(平成31年) 度　苅谷剛彦著「知的複眼思考法」講談社より　出題

課題文型　にあたり一部改変

問　筆者が述べている「知ることと考えること」を簡単に要約した後、あなたの考える「知っていること」と「考えること」を結びつける方法について、800字以内で述べなさい。

⑬　2018年（平成30年）度　課題文型

「免許の返納　高齢者をどう説得　熊本・免許センターの看護師に聞く」

（『月刊　新聞記事からできた本　医療と健康2017年5号』より2017年4月6日付　朝日新聞クマノミ出版　出題のため一部省略）

設問1　文中の波線「早めの医師への受診を個別に促し、運転免許の自主返納につなげる」とあるが、そのための看護師の対応を400字以内でまとめなさい。

設問2　この看護師たちの対応に対しての意見を400字以内で述べなさい。

⑭　2017年（平成29年）度　課題文型

櫃本真聿（ひつもとしんいち）著『生活を分断しない医療』ライフ出版社より　出題にあたり表記を一部改編

設問　波線部について、筆者は今日の医療にはどんなギャップが起こっていると述べているのかを考慮した上で、文章全体やグラフも参考にしながら、それに対するあなたの考えを述べなさい。（800字以内）

⑮　2022年（令和4年）度　課題文型

日野原重明著「いのちの使いかた　新版」小学館文庫　2017年

設問　著者の考える「人に寄り添うこと」を簡単に要約し、「看護職者が患者に寄り添うこと」についてあなたの考えを800字以内で述べなさい。

3　防衛医科大学校看護学科小論文攻略法

▶最近の出題傾向

昨年度までの6年間は課題文型の小論文である。

特に昨年度、⑮ 2022年度「いのちの使いかた　新版」日野原重明著では、課題文を簡単に要約し「看護職者が患者に寄り添うこと」についてあなたの考えを述べなさいという問題は一見誰でも書けそうな設問である。しかし、「寄り添う」ことについての自分の考えを600字程度（要約を200字程度の場合）で述べるのは、かなりの力量がいる。「寄り添う」が答えそのものではないのである。「看護職者が患者に」とあるように、これは臨床医学に関する内容である。また、理想の看護師像についての受験生の深い見識が求められている。

従って、本書では⑩～⑭までの問題で入試小論文の書き方や看護職者としての深い見識を学んだうえで、最後の仕上げとして、最新の入試問題を設定した次第である。

次に防衛医大・看護の小論文の課題文は、読むだけなら誰でも読める文章表現で書かれている。特に難解な語句は使われてない。現代文のように抽象的な表現もないので内容は分かり易い。そこで、文章の読解として読めるから、小論文としても書き易いと思ってしまいがちである。ここが、急所なのである。すなわち、読解力＝表現力ではないということである。仮に、英文解釈として易しい英文なら、同レベルの英語のスピーチができるかということである。読解力と表現力は異なる学習領域だということを認識することが必要である。

⑩　2021年度「むこう側」

ガンになった患者さんから、意図しない怒りをぶつけられた時、どう対処するかという問題である。

現役の高校3年生は、今までの生活では経験しないような内容の課題文なので、何をどう考えたらよいか分かりにくい。生活経験のベース（土台）がないから分かりにくいのである。将来の看護師としての資質があるかどうかが、試されている。

⑪　2020年度「実相が見える」

⑫　2019年度「知ることと考えること」

どれだけの発想力と表現力があるかが試されている。

人間観・社会観・看護論としての掘り下げた考え方ができるかが試されている。

⑬　2018年度「免許の返納　高齢者をどう説得」

様々な高齢者がいる中で、看護師A、B、Cの対応が全部違っている。単なる一般常識ではなく、看護師の専門職としての捉え方ができるかが試されている。

⑭　2017年度「生活を分断しない医療」

「死に場所の推移」から終末期医療についての考え方が試されている。

⑮　2022年度「いのちの使いかた　新版」

多くの過去問題を学習したうえでの力量が試されている。

▶攻略法・文章分析

⑩　防衛医大・看護学科　小論文問題
2021年（令和3年）度　「むこう側」課題文型

問　このように**患者さんから、意図しない怒りをぶつけられた時、どのように対処したらよいと考えますか**。患者さんへの対処法と自分自身のストレス対処法とに分けて800字以内で述べなさい。

関根による分析の視点→

医療人としてのコミュニケーション
怒りは病気が治らないことからの怒りだ
クレームに対する対処法・医療論・看護論

攻略法（要点）―事前・事後学習として、**分析の視点の考え方を深める**ために、**類似内容の考え方**を入試問題などから学ぶ。

▶事前・事後学習のための小論文過去問題A・B・C

❶A　2014年（平成26年）度　北里大学・看護学部小論文問題
＊課題文はコミュニケイションのレッスンの話

問　著者の主張を要約し、それに対するあなたの考えを、800字以内で記述しなさい。

関根による分析の視点→

コミュニケーションの考え方

医療人としての考え方・看護論・医療論

＊課題文に医療用語はない。しかし、安心は禁物！

❷B　2011年（平成23年）度　北里大学・看護学部小論文問題

＊課題文は「人間の器量」福田和也著　新潮新書より

問　著者の主張に対するあなたの考えを、800字以内で記述しなさい。

関根による分析の視点→

ゆっくり生きるのは生きるなりの知恵がいる・看護論

患者さんとの接し方、ゆっくりよく看（み）る・医療論

❸C　2021年（令和3年）度　都立看護・社会人入試小論文課題

＊課題文は「自分を活かすコミュニケーション力」荒木晶子、藤木美奈子著　実業出版株式会社

問　著者が伝えたいことを240字程度に要約した上で、「コミュニケーションのあり方」について、経験を踏まえたあなたの考えを、要約を含めて1200字程度で述べなさい。

関根による分析の視点→

一般的なコミュニケーション、ここでは空気を読む

患者さんの気持ちに寄り添い想像力を働かせて理解しよう

医療論・人間観

⑪　防衛医大・看護学科　小論文問題
2020年（令和２年）度「実相が見える」課題文型

松下幸之助著「素直な心になるために」PHP文庫　2004年

問　筆者が述べている「素直な心」を簡単に要約した後、**「素直な心」が大切な理由**は何か、あなたの考えを800字以内で述べなさい。

関根による分析の視点→

素直な心は、物事のありのままの姿、実相を見る心

人間―**私利私欲にとらわれない心**

社会―**善悪・正邪・表裏に偏らない心**など・**医療論**

人間観・社会観

▶事前・事後学習のための小論文過去問題Ａ・Ｂ・Ｃ

❹Ａ　2016年（平成28年）度　都立看護・推薦入試小論文課題

森山卓郎著「日本語の〈書き〉方」岩波ジュニア新書　2013年

設問　この文章の内容を要約した上で、**「推敲」について、あなたの考え**を800字程度で述べなさい。

関根による分析の視点→

「書く」立場だけでなく、「読まれる」立場・　視点を変える

文章作成力の最高の上達方法・**道を極める**・すべてに通じる

人間観

❺B 2019年（平成31年）度　都立看護・社会人入試小論文課題

森　博嗣著『「やりがいのある仕事」という幻想』　株式会社朝日新聞出版

設問　著者が伝えたいことを簡潔に要約した上で、あなたにとっての**「やりがいのある仕事」**について、自身の経験を踏まえて1200字程度で述べなさい。

関根による分析の視点→

やりがいは**仕事に対する心がまえ**

生き方に対する心がまえ

人間観・社会観

❻C 2016年（平成28年）度　慶應義塾大学・看護医療学部・小論文

宇沢弘文著「経済学と人間の心」

問題1　「物事の**本質を見抜く観察の目**」とはどのようなことを指していると考えられるか。本文の内容を参考に、100字以内で述べなさい。

問題2　「福沢諭吉のもっていた**リベラリズムの思想**」とはどのようなことか。本文の内容を参考に説明し、それに対するあなたの考えを加えて600字以内で述べなさい。

関根による分析の視点→

・**人間は社会的立場が高い、低いで見るのではなく、対等で平等に交流すべきだ**

・ヒポクラテスは**生命は平等だ**と説いた
・医療には**トリアージという識別法**がある・医療論
・人間観・社会観

⑫　防衛医大・看護学科　小論文問題
2019 年（平成 31 年）度「知ることと考えること」
課題文型

苅谷剛彦著「知的複眼思考法」講談社より　出題にあたり一部改変

問　筆者が述べている「知ることと考えること」を簡単に要約した後、あなたの考える**「知っていること」と「考えること」を結びつける方法について**、800 字以内で述べなさい。

関根による分析の視点→
本質的な内容を知るには―様々な視点・解釈から考える
考えることで内容が深まる―知る内容も深まる
人との接し方の秘訣―相手を知っているからこそ相手の立場で考えられる・相手の心に寄り添える
医療論・人間観

▶事前・事後学習のための小論文過去問題 A・B・C

❼A　2021 年（令和 3 年）度　北里大学・看護学部・小論文問題
「考える頭」のつくり方　外山滋比古　著　PHP 文庫
設問　著者の主張に対するあなたの考えを、身近な例をあげて 800

字以内で記述しなさい。

関根による分析の視点→

必要なのは、知識ではなく知恵を生むための考える力、思考力である

知識—知ることの内容　知恵—問題を解決しようとする能力

知恵を生むための考える力は本を読む中からではなく、生活実践の中で工夫につぐ工夫からうまれる

人間観

❽B 2021年（令和3年）度　都立看護・推薦入試小論文課題

出典　森田真生著（2019）「数学の贈り物」株式会社ミシマ社

設問　著者が伝えたいことを200字程度に要約した上で、**「わかるということ」について**、体験を踏まえたあなたの考えを、要約を含めて800字程度で述べなさい。

関根による分析の視点→

自力で何かをわかる瞬間の喜び

知識やテクニックは身についても、肝心の「わかる」という喜びは味わうことはできない

問題がわかる・問題の核心がわかる

人間観・社会観

❾C 2017年（平成29年）度　都立看護・社会人入試小論文課題

出典　前田英樹著（2015）「独学する心」（桐光学園＋ちくまプリマー新書編集部・編『何（なん）のために「学（まな）ぶ」のか〈中学生（ちゅうがくせい）からの

大学講義〉1』株式会社筑摩書房）

設問　上記の文章を要約した上で、**「技を身につける」こと**について、あなたの体験をもとに1200字程度で述べなさい。

関根による分析の視点→

生き方に対する心がまえ

・技を身につける　・技は心から　・心と技

人間観・社会観

⑬　防衛医大・看護学科　小論文問題

2018年（平成30年）度「高齢者の免許返納」課題文型

「免許の返納　高齢者をどう説得　熊本・免許センターの看護師に聞く」

(『月刊　新聞記事からできた本　医療と健康　2017年5号』より 2017年4月6日付　朝日新聞クマノミ出版　出題のため一部省略）

設問1　文中の波線「早めの医師への受診を個別に促し、運転免許の自主返納につなげる」とあるが、そのための看護師の対応を400字以内でまとめなさい。

設問2　この看護師たちの対応に対しての意見を400字以内で述べなさい。

関根による分析の視点→

高齢者に対して、どのような対応をしているか

どのような看護（師）の心を読み取れるか

3人に共通した看護の心の本質は何か

＊看護の心を一般論的な言葉で答えても、3人に共通した看護の心の本質には至らないだろう

＊看護の心を学んでこそ理路整然とした文章表現となる

医療論・看護論・人間観

＊ヒント⇒ナイチンゲール『看護覚え書』を読むこと

看護の原点　2　看護の独自性　看護師の役割

看護師とは何か①⇒「患者の気持ちを知る」能力

看護師とは何か②⇒変化を読みとる能力

看護師とは何か③⇒「観察」＝「じっと見つめること」ではない

看護師とは何か④⇒	看護師としての使命
	＊何が≪正しく≫何が≪最善≫であるのかという高い理念を達成させるために自分の仕事をすること
	＊①②③も深い意味と捉え方があるので、その表現を学ばなければ、理路整然とした看護の心の本質にはいたらないだろう。

▶事前・事後学習のための補足資料・小論文過去問題Aまで

補足資料　ナイチンゲール『看護覚え書』　＊ヒントを参照のこと。

⑩A　「高齢者の免許返納」の応用編として

2019年（平成31年）度　国際医療福祉大学・小論文　テーマ型

問題　高齢者ドライバーの事故を少しでも減らすにはどのような対策が必要でしょうか。あなたの考えを述べなさい（600字）。

⑭　防衛医大・看護学科　小論文問題

2017年（平成29年）度「生活を分断しない医療」課題文型

櫃本真聿（ひつもとしんいち）著『生活を分断しない医療』ライフ出版社より　出題にあたり表記を一部改編

設問　波線部について、筆者は今日の医療にはどんなギャップが起こっていると述べているのか考慮した上で、文章全体やグラフも参考にしながら、それに対するあなたの考えを述べなさい（800字以内）。

攻略法（要点）―事前準備・事後学習として、**分析の視点の考え方を深める**ために以下の資料を配布し、説明した。

A　データ型小論文の書き方

B　終末期における療養の場所

C　自宅で最期まで療養することが困難な理由

D　訪問看護ステーションの役割と実際

関根による分析の視点→

図１「死亡場所の推移」のグラフを見て社会背景からの視点から分析すると、

① 核家族化の問題
② 終末期医療の問題
③ 在宅医療の問題
④ 看取りの問題
⑤ 訪問看護師不足の問題
⑥ 終末期医療施設の不足
⑦ ターミナルケアに対する取り組み

⑮ 防衛医大・看護学科　小論文問題
2022年（令和4年）度「いのちの使いかた　新版」課題文型

日野原重明著「いのちの使いかた　新版」小学館文庫　2017年

設問　著者の考える「人に寄り添うこと」を簡単に要約し、「看護職者が患者に寄り添うこと」についてあなたの考えを800字以内で述べなさい。

攻略法（要点）―事前準備・事後学習として、分析の視点の考え方を深めるために以下の資料を配布し、説明した。

A 「寄り添う」の意味
B 患者に寄り添った看護
C 医療人の寄り添う
D 医学部小論文解答より
「患者に寄り添う医療とは？」

＊Ａ～Ｄは、インターネットから検索した資料

関根による分析の視点→使える持論（考え方）の紹介

1　川嶋みどり著「看護の力」岩波新書より

・弱い人、困っている人を助けたい、誰かの何かの役に立ちたいという思いは、誰もが共通にもっているのではないでしょうか。

・優れた看護師は何年仕事を続けていても「私は毎日何かを学んでいます」と言うものなのです。

2　私の本（『看護学部小論文入試問題解答文例解説集　第２集』）より　第３章　攻略法としての持論　⑤持論の紹介　216 ～ 221ページから

・医療の道を志す者は、医療の対象が生身の人間であり、医療は人間のためにあることを常に心掛けることが大切である…（看護論）

・患者さんの立場になることで、どのように医療人に接してもらいたいのか、学ぶべき課題を問いただすことができる…（医療論）

・現代社会は複雑だ。患者さんの生き方や取り巻く環境といったものに目を向ける機会に出会うわけではない。…（福祉論）

第 2 章

問題・解答文例

（第1章の①～⑮の問題）

1　最新小論文入試問題（2022 年度①〜⑨の大学の問題）

① 慶應義塾大学
② 聖路加国際大学　A 方式
③ 聖路加国際大学　B 方式
④ 北里大学
⑤〜⑨ 国際医療福祉大学　2022 年度
テーマ型

⑤ SDGs は国連が定める「Sustainable Development Goals(持続可能な開発目標)」の略称です。国連サミットで採択されたもので、「2030 年までに持続可能でよりよい世界を目指す国際目標」を掲げていますが、これは国や政府、企業だけが意識すべき目標ではなく、私たち一人ひとりにも個人の生活や意識の変革を必要とするようなターゲットが設定されています。この目標のうち、目標３に掲げる「すべての人に健康と福祉を」を実現するためには、どのような取り組みが必要でしょうか。あなたの考えを述べなさい。

（5 歳になれない子どもがいる・予防接種・ワクチン・予防医療制度・感染症）

⑥ 本来大人が担うと想定されている家事や家族の世話などを日常的に行っている 18 歳未満の子どもたち、いわゆる“ヤングケアラー”を取り巻く深刻な問題とその解決策について、あなたの考えを述べなさい。

（ヤングケアラーが発生する理由・現状の問題点）

⑦　国立社会保障・人口問題研究所の将来推計によれば、2025 年の単身世帯（一人暮らし）は、約 2000 万世帯になり、6 人に 1 人強が 1 人暮らしになるとみられています。50 代以上の年齢階層で単身世帯数が増え、とくに 80 歳以上の単身世帯の増加が予想されています。この状況が社会に与える影響とその解決策について、あなたの考えを述べなさい。

（単身高齢者の問題・孤立による問題点・高齢者増加による社会問題）

⑧　2021 年夏に開催された東京オリンピック・パラリンピックは 1 年延期されたうえ、原則無観客での開催となり、新型コロナウイルスの感染対策で選手や関係者の行動が厳しく管理される異例ずくめの大会になりました。あなたは東京オリンピック・パラリンピックが開催されたことをどのように評価しますか。この大会を通じて、あなたが受けた感動もしくは影響をふまえ、あなたの考えを述べなさい。

（どんな点で評価されるのか・無観客試合の中での影響として考えられることは何か）

⑨　インターネット上で気軽にコミュニケーションを行うことが出来るようになった一方で、匿名のまま不特定多数に向けて特定個人の誹謗中傷を書き込むなどのネットの悪質な行為が深刻な社会問題となっています。その背景と、あなたが考える解決策について、あなたの考えを述べなさい。

（悪質な行為・情報リテラシーを養うこと）

⑩〜⑮　防衛医科大学校看護学科小論文問題一覧表（2021 年度〜 2017 年度・2022 年度の問題）

⑩　2021 年（令和 3 年）度

「むこう側」　課題文型

▶事前・事後学習のための小論文過去問題 A・B・C

＊小論文過去問題 A・B・C の出典は、すべて拙著の第 1・2 集の問題集より引用した。

⑪　2020 年（令和 2 年）度

「実相が見える」　課題文型

▶事前・事後学習のための小論文過去問題 A・B・C

⑫　2019 年（平成 31 年）度

「知ることと考えること」　課題文型

▶事前・事後学習のための小論文過去問題 A・B・C

⑬　2018 年（平成 30 年）度

「高齢者の免許返納」　課題文型

「免許の返納　高齢者をどう説得　熊本・免許センターの看護師に聞く」

▶事前・事後学習のための補足資料・小論文過去問題 A まで

⑭　2017 年（平成 29 年）度

「生活を分断しない医療」　課題文型

櫃本真聿（ひつもとしんいち）著 『生活を分断しない医療』

ライフ出版社より　出題にあたり表記を一部改編

▶事前・事後学習のための分析の視点の考え方

⑮　2022 年（令和４年）度

「いのちの使いかた　新版」 課題文型

日野原重明著『いのちの使いかた 新版』 小学館文庫　2017 年

▶事前・事後学習のための分析の視点の考え方

① 慶應義塾大学　課題文型
2022年度　慶應義塾大学看護医療学部　小論文

（70分）

（注意）解答はよこ書きで記入してください。

次の文章は、恒吉僚子著『人間形成の日米比較　かくれたカリキュラム』からの抜粋です。文章を読んで、以下の設問に答えなさい。

問題１．下線部１）の「学校という場は、『自然』と呼ぶにはほど遠い性格を持っている。」とありますが、「『自然』と呼ぶにはほど遠い性格」とはどのような意味か、本文を参考に200字以内で述べなさい。

問題２．下線部２）「この教師は、実は、自分が考えているよりもはるかに多くのことを児童に教えている。」とはどのような意味か。これまでの自身の体験をもとに「かくれたカリキュラム」の観点から500字以内で述べなさい。

学校という所は、日本でも、アメリカでも、非常に類似した面を持っている。児童が概して年齢別に学級にまとめられ、彼らを監督する教師たちがいる。教室の中では多くの場合、児童がならんで着席し、何時間も「授業」を聞いている。学校における中心的存在は学校の「顧客」としての児童たちであり、彼らなしには学校は存続しえない。にもかかわらず、児童たちは自分たちが必ずしも欲しなくても学校に行かねばならないのであり、児童は学校中を見回しても、教師陣にせよ、事務職員にせよ、自分たちよりも力関係で弱い人間にはまず出会わないのである。

われわれは日頃、子供が学校に行くのはごく「自然」なことだと思っている。しかし、満員電車内のような人数を一つの部屋に何時間もいさせることに始まり、「顧客」の意志にたとえ反してでも、彼らを彼らのために設置された機関に送り込むことに至るまで、1)学校という場は、「自然」と呼ぶにはほど遠い性格を持っている。

学校のこうした性格に注目して、学校が牢獄にたとえられることさえある。牢獄のほうがはるかに強制的な性格が強いものの、自分の意志とはあまり関係なく送り込まれてきた人々の教育を目的としている組織であるという点に関しては、学校と牢獄は類似点がある。

このような学校の性格に注目したとき、われわれは、アメリカ人にとっても、日本人にとっても、学校がどのような意味を持つのかを新たな目で見ることができる。つまり、学校という場は、アメリカ中、日本中の児童が、毎日、何時間も、必ずしも自分で欲しなくとも通い、その影響を受けつづけている所なのである。

では、このような側面を持つ学校は、一体、何を教えているのだろうか。国語の先生に、「あなたは何を教えているのですか？」と質問したならば、「国語です」という答えが返ってくるかもしれない。

しかし、2)この教師は、実は、自分が考えているよりもはるかに多くのことを児童に教えている。学校が教えることを目標として掲げている、国語、数学、英語などの公式の「カリキュラム」の他に、本章でも触れたような児童たちが人間関係などを通じて自ずから学んでいく潜在的カリキュラム、「かくれたカリキュラム」（hidden curriculum）が存在する。もっとも、日本の場合は特に、「かくれた」

と言うにはあまりにも意識的に、子供たちの考え方や行動が方向づけられている面が少なくなかった。

日米の小学校で給食の在り方が違うのを見て「たかが給食」たいしたことはないと思う人がいるかもしれない。だが、そうであろうか。給食一つにしても、登校日は毎日。それを小学校六年間続けたとしても、大変な回数である。特定の行動パターンを、児童は何百回、何千回と繰り返しているわけである。しかも、給食の在り方だけが他の学校の仕組みと乖離（かいり）しているわけではない。そして、学校は社会をさまざまな形で反映している。給食のような学校生活のある一断面は、実は、学校や社会の在り方と連結し、総体として児童に影響を与えているのである。

日本で母校の朝会に出席し、児童も教師もラジオ体操をしているときに、条件反射のように体が動いてしまうのは私だけであろうか。一方、アメリカでも育ったため、私はアメリカの学校での国旗掲揚の際も思わず手が胸に行ってしまいそうになる。しかも、このようなかなり意図的に教えられた行動と同じように、たとえば、英語をしゃべりはじめると「自己顕示術」を意識する習性が身に付いてしまっている。

日米教育のかくれたカリキュラムは多様である。そして、それらは公のカリキュラムと同じように、大きな影響力を持っているのである。

恒吉僚子著『人間形成の日米比較　かくれたカリキュラム（2008年、16版）』中央公論新社、65 ～ 67 頁より抜粋

構想メモ（文章展開設計図）

2022 年度　慶應義塾大学看護医療学部

課題文型小論文

出典：恒吉僚子著『人間形成の日米比較　かくれたカリキュラム（2008 年、16 版）』中央公論新社、65 ～ 67 頁より抜粋

問題２の〈書き出し〉

・この教師は、実は、自分が考えているよりもはるかに多くのことを児童に教えているとはどのような意味かについて私の考えを述べる。 （問を繰り返す）

↓

・まず児童たちは人間関係などを通じて自ずから学んでいく潜在カリキュラム、「かくれたカリキュラム」がある。

考察１

それは、子供たちの考え方や行動が方向づけられている面が少なくない。

↓

具体例　課題文では給食のような学校生活のある一断面をあげ、学校や社会の他の在り方と連結し、様々な面から児童に影響を与えている。

↓

補足①　つまり、学校生活のあらゆる面から社会生活に必要な人と
教育的意義　人とのつながりを通して、

{ 人への接し方
人間関係の在り方
公共心や道徳心 } などを

学び身に付けていくのである。

考察２

補足② 肝心なことは、

教育的意義 学校生活で学ぶことが社会生活をしていく上での人間関係術とでも言うべき社会性を学ぶことに通じていることである。

補足③ 学校生活全般どこも意味がある。例えば、クラス委員、委員会活動……

どれも人と（人と）のつながり、人と人の協力があってこそ成立し……

考察３

結び まさに「かくれたカリキュラム」であり、人が生きるための学習の場なのである。

2022 年度　慶應義塾大学看護医療学部

問題１. 下線部１）の「学校という場は、『自然』と呼ぶにはほど遠い性格を持っている。」とありますが、「『自然』と呼ぶにはほど遠い性格」とはどのような意味か、本文を参考に 200 字以内で述べなさい。

問題２. 下線部２）「この教師は、実は、自分が考えているよりもはるかに多くのことを児童に教えている。」とはどのような意味か。これまでの自身の体験をもとに「かくれたカリキュラム」の観点から 500 字以内で述べなさい。

【問題１】

学校という場は子供が行くのはごく「自然」なことだと思っている。それに対して児童たちは自分たちが必ずしも欲しなくても学校に行かねばならないのだ。学校では児童は概して年齢別に学級にまとめられ、彼らを監督する教師たちがいる。そして、学校は児童が毎日、何時間も自分で欲しなくとも通い影響を受ける所だ。だから学校は「『自然』と呼ぶにはほど遠い性格」のところだ。自分の意志とは関係なく教育をするからだ。

子供の思い
親の子供への思い

子供の思い
親の子供への
扱い

だから……

【問題２】

この教師は、実は自分が考えているよりもはるかに多くのことを児童に教えているとはどのような意味かについて私の考えを述べる。

「問」への論述の
あり方

まず児童たちは人間関係などを通じて自ずから学んでいく潜

在的カリキュラム、「かくれたカリキュラム」がある。それは、子供たちの考え方や行動が方向づけられている面が少なくない。課題文では給食のような学校生活のある一断面をあげ、学校や社会の他の在り方と連結し、様々な面から児童に影響を与えているとある。つまり、学校生活のあらゆる面から社会生活に必要な人と人とのつながりを通して、人への接し方や人間関係の在り方、公共心や道徳心などを学び身に付けていくのである。肝心なことは、学校生活で学ぶことが社会生活をしていく上での人間関係術とでも言うべき社会性を学ぶことに通じていることである。学校生活全般どこも意味がある。例えば、クラス委員、委員会活動、児童会活動、部活動、ボランティア活動等々、どれも人とのつながり、人と人との協力があってこそ成立し、目指した成果も実現されるものである。その出発点は人と人とのつながりである。まさに「かくれたカリキュラム」であり、人が生きるための学習の場なのである。(500字)

「潜在的カリキュラム」の説明

その具体例

補足①教育的意義

補足②同じく意義

補足③同じく意義

【問題1】

学校という場は子供が行くのはごく「(　　　)」なことだと思っている。それに対して児童たちは自分たちが必ずしも(　　　　)学校に(　　　　　　)いのだ。学校では児童は概して年齢別に学級にまとめられ、彼らを(　　　)る(　　　)ちがいる。そして、学校は児童が毎日、何時間も自分で(　　　　　　)も通い影響を受ける所だ。だから学校は「『自然』と呼ぶにはほど遠い性格」のところだ。自分の意志とは関係なく教育をするからだ。

親の子供への思い

子供の思い

親の子供への扱い

子供の思い

だから……

【問題２】

（「問」への論述のあり方）

この教師は、実は自分が考えているよりもはるかに多くのことを児童に教えているとはどのような意味かについて私の考えを述べる。

（「潜在的カリキュラム」の説明）

まず児童たちは人間関係などを通じて自ずから学んでいく（　　　）カリキュラム、「（　　　　）カリキュラム」がある。それは、子供たちの考え方や行動が方向づけられている面が少

（その具体例）

なくない。課題文では（　　）のような学校生活のある一断面をあげ、学校や社会の他の在り方と連結し、様々な面から児童に影響を与えているとある。つまり、（　　）生活のあらゆる

（補足①教育的意義）

面から（　　）生活に必要な人と人とのつながりを通して、人への接し方や人間関係の在り方、（　　）心や（　　）心などを学び身に付けていくのである。肝心なことは、（　　　　）

（補足②同じく意義）

で学ぶことが（　　　　）をしていく上での人間関係術とでも言うべき（　　　）を学ぶことに通じていることである。学校生活全般どこも意味がある。例えば、クラス委員、委員会活動、

（補足③同じく意義）

児童会活動、部活動、ボランティア活動等々、どれも人とのつながり、人と人との協力があってこそ成立し、目指した成果も実現されるものである。その（　　）点は（　　　）とのつながりである。まさに「かくれたカリキュラム」であり、人が（　　　）ための（　　）の場なのである。（500字）

② 2022年度　聖路加国際大学―看護（A方式）小論文

（50分）

以下の文章は為政者（政治を行う者）の場合を例にあげ、「寛容」について述べたものである。これをふまえ、「寛容」について、あなたの考えを述べなさい。また、なぜそのように考えるかについて、あなたの体験や見聞きしたことを例にあげながら、論じてください。（文字数600～800字）

今日の社会に必要な理念の一つ、それも重要なそれは「寛容」ではないか。

例えば為政者の場合、こうした非常時の事後評価に常に付きまとうディレンマがある。それは「あのときなすべきでなかったことをした」と「あのときなすべきでなかったことをしなかった」という肢の間に起こるディレンマがある。それに対して、私たちは、厳しい批判をぶつけがちである。正当な吟味による批判がなければ、社会は前に進めないが、しかし、そこは「寛容」が求められるのでもある。為政者は上のディレンマに基づくいわれのない非難をも受け入れる寛容さが必要である。評価する側にも、人間は常に「ベスト」の選択肢を選ぶことのできる存在ではないことへの理解が必要とされるだろう。（中略）

今回のウイルス禍によって、社会のなかに少しでも、こうした「寛容」を受け入れる余地が広がるとすれば、不幸中の幸いではなかろうか。

出典：村上陽一郎「COVID-19から学べること」『コロナ後の世界を生きる―私たちの提言』（岩波新書 2020）67，68頁より抜粋

構想メモ（文章展開設計図）

2022 年度　聖路加国際大学看護学部（A 方式）

課題文型小論文

出典：村上陽一郎「COVID-19 から学べること」『コロナ後の世界を生きる―私たちの提言』（岩波新書 2020）67，68 頁より抜粋

〈著者の主張〉

非常時の事後評価に常に付きまとうディレンマ、つまり板ばさみの時に、いわれない非難を為政者は受け入れる寛容さが必要である。

↓

〈理由〉

なぜなら、評価する側にも、人間は常に「ベスト」の選択肢を選ぶことのできる存在ではないことへの理解が必要とされるだろう、と述べている。

↓

〈つなぎの段落〉

それに対して、私は賛同する。

否！むしろ、敬意をもって課題文の ｛著者の考える対象である為政者と／「私たち」である一般市民に対して｝

寛容が求められていることに賛同する。

〈持論①〉

ところで、ディレンマ、板ばさみの時に人はどうするであろうか。

どちらを選んでも難しいのである。

一般的に人生の選択においては、{楽な道を選んではいけない。むしろ、厳しい道を選べといわれている。}

↓

〈**持論②**〉

体験・見聞名言を通して考えた

話を転じて、名言にも行動は必ずしも幸福をもたらすものではない。しかし、行動しないところに幸福はない。

重要な選択の時は、そのどちらであっても批判はつきものなのである。であるからこそ、寛容な心で受け入れていくことが求められている。

↓

結び ＝自分の考え方、生き方を示す

従って、（　　　　　　　　　　　　　　　　　　）

↑

ここは自分で考えてください！

2022 年度　聖路加国際大学看護学部（A 方式）「『寛容』について（600 ～ 800 字）」

課題文は為政者の場合を例にあげ、「寛容」について以下のように述べている。すなわち、非常時の事後評価に常に付きまとうディレンマ、つまり板ばさみの時に、いわれのない非難をも為政者は受け入れる寛容さが必要であると。なぜなら、評価する側にも、人間は常に「ベスト」の選択肢を選ぶことのできる存在ではないことへの理解が必要とされるだろう、と述べている。それに対して私は賛同する。否！むしろ、敬意をもって課題文の著者の考える対象である為政者と、「私たち」である一般市民に対して「寛容」が求められていることに賛同する。

「寛容」について＝著者の主張＋理由

つなぎの段落

ところで、ディレンマ、板ばさみの時に人はどうするであろうか。どちらを選んでも難しいのである。しかし、決断しなければならない。一般的に人生の選択においては、楽な道を選んではいけない。むしろ、厳しい道を選べといわれている。どちらを選んでも批判されたり、不満があったりするものである。

持論①（自分の考え）（一般的な考え）

話を転じて、名言にも行動は必ずしも幸福をもたらすものではない。しかし、行動のないところに幸福はない、とある。重要な選択の時は、そのどちらであっても批判はつきものなのである。であるからこそ、寛容な心で受け入れていくことが求められているのだ。

持論②（体験・見聞）→名言を通しての考え

従って、熟慮に熟慮をした決断であれば、不満も批判もすべて受け入れる、つまり寛容な心で受け入れるという決心を固めることだ。そのためにも、足元を固めて着実な一歩だ。

結び（自分の生き方を示す）

2022年度　聖路加国際大学看護学部（A方式）「『寛容』について（600～800字）」

課題文は為政者の場合を例にあげ、「寛容」について以下のように述べている。すなわち、非常時の事後評価に常に付きまとうディレンマ、つまり（　　　　）いわれのない非難をも為政者は受け入れる寛容さが必要であると。なぜなら、評価する側にも、人間は常に「ベスト」の選択肢を選ぶことのできる存在ではないことへの理解が必要とされるだろう、と述べている。

「寛容」について＝著者の主張＋理由

それに対して私は賛同する。否！むしろ、敬意をもって課題文の著者の考える対象である為政者と、「私たち」である一般市民に対して「寛容」が求められていることに賛同する。

つなぎの段落

ところで、ディレンマ、（　　　　）の時に人はどうするであろうか。どちらを選んでも難しいのである。しかし、決断しなければならない。一般的に人生の選択においては、（　）な道を選んではいけない。むしろ、（　）しい道を選べといわれている。（　　　）を選んでも批判されたり、不満があったりするものである。

持論①（自分の考え）（一般的な考え）

話を転じて、名言にも行動は必ずしも（　　）をもたらすものではない。しかし、行動のないところに（　　）はない、とある。重要な選択の時は、そのどちらであっても批判はつきものなのである。であるからこそ、（　　）な心で受け入れていくことが求められているのだ。

持論②（体験・見聞）名言を通しての考え

従って、熟慮に熟慮をした決断であれば、不満も批判もすべて受け入れる、つまり（　　）な心で受け入れるという（　　）を固めることだ。そのためにも、足元を固めて着実な一歩だ。

結び（自分の生き方を示す）

③　2022年度　聖路加国際大学―看護（B方式）小論文

（75分）

次の文章を読んで、設問に答えなさい。

私たちが病気になる原因は、遺伝と環境に大別できます。そして多くの病気は、この両方が同時に関わっています。例えばⅡ型糖尿病は、複数の遺伝子が関係し、生活習慣も影響して生じる病気です。他方、一部の遺伝病は環境の影響は受けず、両親から受け継いだ遺伝子によって定められる「生まれつきの体質」で発症します。また、公害病のような有害化学物は、「生まれつきの体質」に環境要因が加わって起きるのです。

さて「生まれつきの体質」は、生まれる直前、つまり子宮内にいる間に変わる場合があることが分かってきました。妊娠中の環境が胎児自身の遺伝子に作用し、生まれた後に遺伝子の働き方を変化させ、出生後の健康と病気に大きく影響を及ぼすというのです。この学説は「健康と病気の発達期における起源」（ドーハッド：Developmental Origins of Health and Discase）と名付けられています。[中略]ドーハッド説の元になる現象を最初に見いだしたのは、英国サウサンプトン大学のD•バーカー教授（故人）です。バーカー教授の研究グループは英国で1911年から30年の間に生まれた男女約1万6000人を対象とした疫学調査を行いました。その結果、出生時の体重が軽い人ほど、成人になってから虚血性心疾患で死亡しやすいことを発見しました。

虚血性心疾患とは、心臓に酸素や栄養成分を供給している冠状動脈が狭くなったり詰まったりする、狭心症と心筋梗塞（こうそく）のことです。これらの病気のかかりやすさは、喫煙の有無や食事の内容、さらに日ごろの運動の仕方で変わってきます。バーカー教授らは、こうした要素も考慮して分析を行い、それでもなお「出生時体重が軽い人は虚血性心疾患で死亡しやすい」という結論を得たのです。

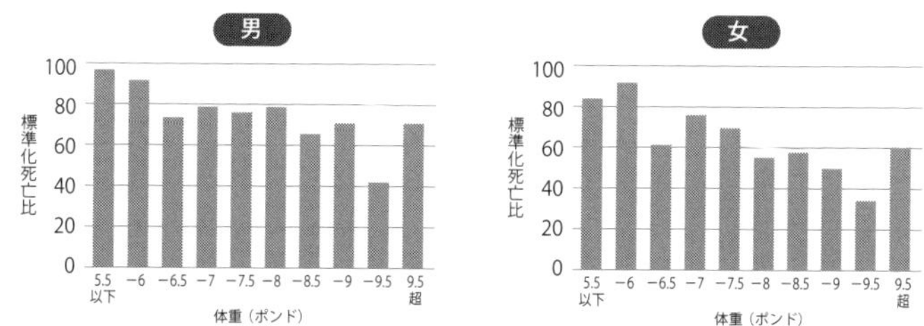

グラフ 1：出生時の体重と、65 歳未満での虚血性心疾患による死亡との関係

英国全体の平均を 100 として表している。1 ポンドは約 454 グラム。5.5 ポンドは約 2500 グラム。9.5 ポンドは約 4300 グラム。論文－Osmond ct al., Brit.Med.J.307:1519（1993）＝を基に筆者が作成。

その後、同教授やほかの研究グループにより、異なる集団や人種においても、低体重で出生した人は、成人になってから肥満となり、高血圧、脂質異常症、Ⅱ型糖尿病にかかりやすい傾向があることが報告されるようになりました。[中略]

現在、日本では、肥満、高血圧、脂質異常症、Ⅱ型糖尿病などの罹患率が極めて高くなっています。これらの病気の原因には多様な遺伝子が関係しており、さらに、複数の環境要因が病気の発症と悪化に関係しています。

現在日本においては、出生児に占める低出生体重児の割合が諸外国に比べて高いと報告されています。80 年には 5.2％と、経済協力開発機構（OECD）加盟国平均値 5.7％よりも低かったのですが、その後上昇して 2017 年は 9.4％と高止まりの状態です。

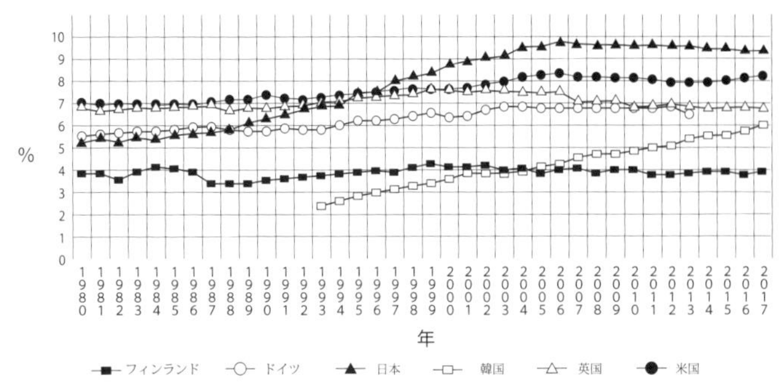

グラフ2：各国の出生児に占める低出生体重児の割合

OECD のホームページ https://stats.occd.org/index.aspx?queryid=30118 から筆者が作成

背景には、若い女性のやせ願望があることが指摘されています。妊娠中に十分な食事をとらないと、低出生体重児が生まれやすくなるのです。そして、低出生体重児は将来、肥満や糖尿病などになりやすいわけです。子供の生活習慣病を防ぐには、生まれた後のライフスタイルに注意を払うことはもとより、母親が胎児のために、栄養をはじめ健全な子宮内環境を整えることも重要です。

出典：遠山千春著　胎児期の環境で決まる生涯の「体質」. 毎日新聞医療プレミア，2020年5月29日より引用　一部抜粋、一部改変

設問1. グラフ1「出生時の体重と、65歳未満での虚血性心疾患による死亡との関係」では、標準化死亡比が大きいほど死亡しやすいことを示しているが、出生時の体重が約2500グラム以下での死亡しやすさは、最も死亡しにくい出生時の体重の約何倍になるか、男性と女性のそれぞれについて答えなさい。

設問２. グラフ２「各国の出生児に占める低出生体重児の割合」を見て、データが存在する期間で低出生体重児の割合の増加率が高い上位２カ国はどこか答えなさい。ただし、解答の順位は問わないものとする。

設問３. 著者は低出生体重児は将来、生活習慣病になりやすいことについて書いているが、日本と世界が対処すべきことについて、あなた自身の考えを600字以内で述べなさい。

構想メモ（文章展開設計図）

2022年度　聖路加国際大学看護学部（B方式）

課題文型・データ型小論文

出典：遠山千春著　胎児期の環境で決まる生涯の「体質」. 毎日新聞医療プレミア，2020年5月29日より引用　一部抜粋、一部改変

著者の主張 ＋ **理由**・**出題者のネライ**

※設問１、２は省略

設問３. 著者は低出生体重児は将来、生活習慣病になりやすいことについて書いているが、日本と世界が対処すべきことについて、あなた自身の考えを600字以内で述べなさい。

＜書き出し＞

（「問」に対する論述を示す）

著者は低出生体重児は将来、生活習慣病になりやすいと書いている。日本と世界が対処すべきことについて私は次のように考える。

＜小結論＞

まず、低出生体重児のライフスタイルに注意を払うことが必要で、注意しながらその時々において対処すべきことが多い。

考察１

＜出産直後の配慮＞

出産直後は、他の新生児に比べて身体が小さいので、抵抗力、免疫力が弱く病気になりやすい。保育室で育てながらも、他の新生児との比較は禁物である。あくまでも昨日より今日、今日より明日と個人内の比較の中で……

考察２

＜幼少期の育て方の留意点①＞

次に幼少期において、身体が同年齢児と比べても小さいからといって……

運動も他の子どものようにできないかもしれないが、能力が……

＜幼少期の育て方の留意点②＞

食生活にも留意する必要がある。肉食中心にすると……糖尿病の原因……

また肥満にも……

＜日本と世界が対処すべきこと＞

話を転じて、世界の先進国は米国型の食生活でやせ型美人が理想の女性像の傾向があり、低出生体重児が生まれやすい。

また低出生体重児→肥満→新興国でも→米国型食生活中心→小児

肥満が深刻化

考察３

＜結び＞

　従って、低出生体重児→食生活の面…→今や、生活習慣病は中高年の問題だけでなく……。

2022年度　聖路加国際大学看護学部（B方式）　設問3（600字以内）

著者は低出生体重児は将来、生活習慣病になりやすいと書いている。日本と世界が対処すべきことについて私は次のように考える。

「問」に対する論述を示す

まず、低出生体重児のライフスタイルに注意を払うことが必要で、注意しながらもその時々において対処すべきことが多い。出産直後は、他の新生児に比べて身体が小さいので、抵抗

小結論を示す

力、免疫力が弱く病気になり易い。保育室で育てながらも、他の新生児との比較は禁物である。あくまでも昨日より今日、今日より明日と個人内の比較の中で育てることが重要だ。次に幼

出産直後の配慮

少期において、身体が同年齢児と比べても小さいからといって食事を沢山与えすぎない。沢山与えれば身体が速く大きくなるとは限らない。運動も他の子どものようにできないかもしれないが、能力が決してないからではない。身体が小さいから発育も遅いだけなのだ。辛抱が肝心だ。食生活にも留意する必要が

幼少期の育て方の留意点①

ある。肉食中心にすると悪玉コレステロールが増え、糖尿病の原因にもなる。また、肥満にもなりやすい。話を転じて、世界

留意点②食生活

の先進国は米国型の食生活でやせ型美人が理想の女性像の傾向があり、低出生体重児が生まれやすい。また低出生体重児は肥満にもなりやすい。新興国でも米国型食生活中心の傾向から小児肥満が深刻化している。

日本と世界が対応すべきこと

従って、低出生体重児は食生活の面で特に留意する必要がある。今や、生活習慣病は中高年の問題だけではなく、低出生体重児においても問題視されているのである。（600字以内）

結び（生活習慣病との関わり）

2022年度　聖路加国際大学看護学部（B方式）　設問3（600字以内）

　著者は低出生体重児は将来、生活習慣病になりやすいと書いている。日本と世界が対処すべきことについて私は次のように考える。

　まず、低出生体重児の（　　　　　　　　　）に注意を払うことが必要で、注意しながらもその時々において対処すべきことが多い。（　　　　　）は、他の新生児に比べて身体が小さいので、（　　　）力、（　　　）力が弱く病気になり易い。保育室で育てながらも、他の新生児との（　　　）は禁物である。あくまでも昨日より今日、今日より明日と個人内の比較の中で育てることが重要だ。次に幼少期において、身体が同年齢児と比べても小さいからといって食事を沢山与えすぎない。沢山与えれば身体が速く大きくなるとは限らない。運動も他の子どものようにできないかもしれないが、（　　　）が決してないからではない。（　　　）が小さいから（　　　）も遅いだけなのだ。辛抱が肝心だ。食生活にも留意する必要がある。（　　　）中心にすると悪玉コレステロールが増え、（　　　）病の原因にもなる。また、（　　　）にもなりやすい。話を転じて、世界の先進国は米国型の食生活で（　　　）美人が理想の女性像の傾向があり、（　　　　　　）児が生まれやすい。また（　　　　　　）児は（　　　）にもなりやすい。新興国でも米国型食生活中心の傾向から小児（　　　）が深刻化している。

　従って、低出生体重児は食生活の面で特に留意する必要がある。今や、（　　　　　）病は中高年の問題だけではなく、低出生体重児においても問題視されているのである。（600字以内）

「問」に対する論述を示す

小結論を示す

出産直後の配慮

幼少期の育て方の留意点①

留意点②食生活

日本と世界が対応すべきこと

結び（生活習慣病との関わり）

④　2022 年度　北里大学─看護学部（一般）小論文

（60 分）

次の文章を読んで、後の問いに答えなさい。

「相手の身になる」という言葉とよく似ているけれど、まったく意味の違う言葉があります。「相手の顔色をうかがう」という言葉です。「相手の顔色をうかがう」というのは、相手の機嫌や心理状態を推測するということ。「相手の身になる」といちばん異なるところは、関心の対象です。「相手の顔色をうかがう」は、相手がどう思っているのかというよりも、自分はどう思われているのかということのほうが大事です。

たとえば、テストで赤点をとってしまったとき。君はこのテストをお母さんに見せなければなりません。少しでも怒られないように、お母さんの機嫌がよさそうなタイミングを見はからいます。機嫌をよくしてもらおうと、ふだんはしないお手伝いをするかもしれません。そうやって少しでも「いい子」に見せておいて、赤点のダメージを最小限に食い止めようとする。これが「相手の顔色をうかがう」ということです。

相手の顔色ばかりうかがっていると、相手から嫌われないようにするあまり、自分がやりたくないこともやってしまうことになります。相手が望むことが第一優先になって、自分の考えやしたいことは二の次になってしまうので、自分のなかに不満を抱え込んでしまうことにもなるのです。そして、結局、相手の望むことに従うために、自分で自分の行動に責任をもつことができず、失敗したら相手のせいにしてしまうのです。

「空気を読む」という言葉もあります。これも「相手の顔色をうかがう」に似た言葉ですが、相手は一人ではなく、集団であったり、もっと漠然としたものだったりします。何となくその場を流れる空気に従ったほうが、事を荒立てずに済むことってありますよね。日本人は、重大な決断をするときにも、この「空気を読む」という力を駆使して、責任を逃れてきた過去があります。第二次大戦中、敗戦がわかっているのになかなか戦争をやめることができなかったのは、空気という正体のないものを読み合って、誰も決断できなかったためといわれています。今も、本当は反対したいけれど、空気を読んで何も言い出せなかったということが多くあります。僕は、空気は読んでもいいけれど、空気に支配されたり流されたりするのはよくないと思い、『空気は読まない』(集英社)という本を書きました。

「相手の顔色をうかがう」では、自分のことばかり気にして、本当は相手のことを知ろうとしていませんが、「空気を読む」では、この相手さえあいまいであり、自分の心にも誠実ではありません。

では、「相手の身になる」とはどういうことなのでしょうか。(後略)

出典:『相手の身になる練習』 鎌田實 著 小学館 YouthBooks

問題 著者の主張に対するあなたの考え方を、身近な例をあげて800字以内で記述しなさい。

構想メモ（文章展開設計図）

2022 年度　北里大学ー看護学部（一般）

課題文型小論文

出典：相手の身になる練習　鎌田實　著　小学館 YouthBooks

著者の主張 ＋ **理由**・**出題者のネライ**

↓

・「相手の身になる」という言葉をあげ、暗に、つまり遠回しにその大切さを主張している。

・理由は書かれていない。

つなぎの段落

・比較として、「相手の顔色をうかがう」は、相手の機嫌や心理状態を推測して、自分はどう思われているのかの方が大事だ……

・「空気を読む」は何となくその場を流れる空気に従ったほうが、事を荒立てずに済むとしながらも、……

考察１

・いちばん異なる点は「関心の対象」であると指摘している。

・ここから「相手の身になる」とは相手の立場になって考えることが大切だろうという意味だ。

・他との比較があるので妙に……私も賛同する。

考察２

（身近な例）

・ところで、「相手の身になる」ことの大切なことを、時々感じる。
　また後で反省する。
・ある友人の話である。（　　具体例、ここは考えてください。　　）

考察３

（医療の現場）

・話を転じて、医療の現場に置き換えると微妙なことでも患者さんには影響を与えるものだ。
・現代社会は複雑であり……
・看護の心は察する心だ、とナイチンゲールは言った……

2022年度　北里大学看護学部　「相手の身になる」

著者の主張

課題文で著者は、「相手の身になる」という言葉をあげ、暗に、つまり遠回しにその大切さを主張している。理由は書かれていない。比較として「相手の顔色をうかがう」は相手の機嫌や心

主張の裏付けとなる理由はないが、本文を踏まえての補足説明

理状態を推測して、自分はどう思われているのかの方が大事だとしている。また、「空気を読む」は何となくその場を流れる空気に従ったほうが、事を荒立てずに済むとしながらも、相手さえあいまいであり、自分の心にも誠実でないとしている。いちばん異なる点は「関心の対象」であると指摘している。ここから「相手の身になる」とは相手の立場になって考えることが大切だという意味だ。他との比較があるので、妙に納得させられる。従って、私も賛同する。

身近な例

ところで、「相手の身になる」ことの大切なことを、時々感じる。また後で反省する。ある友人の話である。好きな料理の話の中で、生ガキが好きな友人Ａは親しいＢを誘ってたびたび生ガキ料理を食べに行った。しかし、生ガキがそれほど好きでないＢは、たびたび誘われるのでうんざりしていた。一方、Ｂは読書家で月に何冊も本を読んでいた。気に入った本があると生ガキが好きなＡにその本をよく薦めた。また、しばしば色々な本を薦められたＡは、それほどの読書家でなかったので薦めてくるＢにうんざりしたという話だ。まさに「相手の身になる」と、いくら自分が好きなものでも限度があり、時としては善意が仇（あだ）となるものである。

医療の現場

話を転じて、医療の現場に置き換えると微妙なことでも患者さんには影響を与えるものだ。現代社会は複雑であり、患者さ

医療の現場

んの取り巻く環境に目を向ける機会に出会うわけではない。それでも実際に目の前にいる患者さんは様々な人生を送ってきた人々である。人間に対する理解と視野の広さと深さを学ぶことが必要だ。

結び

看護の心は察する心だ、とナイチンゲールは言った。相手の身になり、察する心を心掛けていきたいと私は考える。

2022年度　北里大学看護学部　「相手の身になる」

著者の主張

課題文で著者は、「相手の身になる」という言葉をあげ、暗に、つまり遠回しにその大切さを主張している。理由は書か（　　　　　　）。

主張の裏付けとなる理由はないが、本文を踏まえての補足説明

比較として「相手の顔色をうかがう」は相手の機嫌や心理状態を推測して、自分は（　　　　　　　　　　　）かの方が大事だとしている。また、「（　　　）を読む」は何となくその場を流れる空気に従ったほうが、事を荒立てずに済むとしながらも、相手さえあいまいであり、自分の心にも（　　　）でないとしている。いちばん異なる点は「（　　　　　　）」であると指摘している。ここから「相手の身になる」とは（　　　　　　）になって考えることが大切だという意味だ。他との比較があるので、妙に納得させられる。従って、私も賛同する。

身近な例

ところで、「相手の身になる」ことの大切なことを、時々感じる。また後で反省する。ある友人の話である。好きな料理の話の中で、生ガキが好きな友人Aは親しいBを誘ってたびたび生ガキ料理を食べに行った。しかし、生ガキがそれほど好きでないBは、たびたび誘われるのでうんざりしていた。一方、Bは読書家で月に何冊も本を読んでいた。気に入った本があると生ガキが好きなAにその本をよく薦めた。また、しばしば色々

な本を薦められたＡは、それほどの読書家でなかったので薦めてくるＢにうんざりしたという話だ。まさに「相手の身になる」と、いくら自分が好きなものでも（　　）があり、時としては（　　）が仇（あだ）となるものである。

身近な例

話を転じて、医療の現場に置き換えると微妙なことでも患者さんには影響を与えるものだ。現代社会は複雑であり、患者さんの取り巻く環境に目を向ける機会に出会うわけではない。それでも実際に目の前にいる患者さんは様々な（　　）人々である。人間に対する理解と視野の（　）さと（　）さを学ぶことが必要だ。（　　）の心は（　）する心だ、とナイチンゲールは言った。相手の身になり、（　）する心を心掛けていきたいと私は考える。

医療の現場

結び

⑤ 2022年度 国際医療福祉大学―保健医療学部

構想メモ（文章展開設計図）

「私を論じる小論文」の場合 →具体例―考察―結論
「社会性のある小論文」の場合→定義づけ・現状―背景
―対策・意見・解決策

題（テーマ）

SDGsは国連が定める「Sustainable Development Goals」（持続可能な開発目標）の略称です。国連サミットで採択されたもので、「2030年までに持続可能でよりよい世界を目指す国際目標」を掲げていますが、これは国や政府、企業だけが意識すべき目標ではなく、私たち一人ひとりにも個人の生活や意識の変革を必要とするようなターゲットが設定されています。この目標のうち、目標３に掲げる「すべての人に健康と福祉を」を実現するためには、どのような取り組みが必要でしょうか。あなたの考えを述べなさい。

[キーワードの**定義づけ**（内容説明）・**出題者のネライ**]

（定義づけ）
・「すべての人に健康と福祉を」とあるが、ここで言う健康的とは、病気や障害などの身体的な面だけではない。差別や心の病気などに関する精神的なことも含んでいる。

（ネライ）
・５歳になれない子どもが世界に530万人いる。清潔な水を使える環境、感染症予防、性差別

小結論 ＋ **理由** または **テーマについての知識や捉え方** ＋

論述に対する分析の視点

・多くの国には予防接種制度があります。予防接種でワクチンを打てば、救える命がある。５歳未満で死亡する主な原因は、肺炎、マラリアで、死因の１／３は栄養不良が関係している。この予防接種が受けられない主な理由は、お金がない、紛争や被災で保険サービスが機能していない、村に医療施設がない、などが挙げられている。

考察・背景（原因・理由）＋**問題点**

・そこで、私たちができる取り組みとして、私は二つ提案する。
・一つ目は、ワクチンを打てば救える命があるということだ。
・５歳未満で死亡する主な原因は、肺炎、マラリアで、死因の１／３は栄養不良が関係している。
・ワクチンを受けられない理由は、お金がない、紛争や被災で保険サービスが機能していない、村に医療施設がない等々である。
・国連のユニセフを中心に、各国の予防医療制度の充実・発展を望みたい。
・二つ目は、感染症を人にうつさない対策が重要だ。

対策・意見・**解決策**＋**補足説明文**

・その他に、寄付で発展途上国の医療を支えることも自分達ができる範囲の協力だ。
　最後に……

2022年度　国際医療福祉大学保健医療学部　「すべての人に健康と福祉を（600字）」

「すべての人に健康と福祉を」とあるが、ここで言う健康とは病気や障害などの身体的な面だけではなく、差別や心の病気などに関する精神的なことも含んでいると考える。

「健康と福祉」の定義づけ、内容説明

視野を広げれば、5歳になれない子どもが世界には530万人いる。清潔な水を使える環境が整備されていない地域も多々ある。これらが途上国の現状だ。また、感染症の予防ができてなかったり、性差別があり、教育が受けられなく、将来、自立することができない子どももいる。そこで私は二つ提案する。

補足説明

一つ目は、ワクチンを打てば救える命があるということだ。5歳未満で死亡する主な原因は、肺炎、マラリアで、死因の3分の1は栄養不良が関係している。ワクチンなどの予防接種が受けられない主な理由は、お金がない、紛争や被災で保険サービスが機能していない、村に医療施設がない等々である。国連のユニセフを中心に、各国の予防医療制度の充実・発展を望みたい。

提案一

二つ目は、感染症を人にうつさない対策が重要だ。これは一人ひとりができる対策だ。正しく手を洗う。小まめに手の消毒をする。マスクの着用、咳エチケットを徹底する。また、

提案二

予防接種を必ず受けることも忘れてはならない。その他に、寄付で発展途上国の医療を支えることも自分達ができる範囲の協力だ。最後に、日本や世界の現状を理解するとともに、周囲と情報をシェアし、交流を深めることで、連帯意識をもって取り組むことが市民社会に生きる責務だ。

その他

2022 年度　国際医療福祉大学保健医療学部　「すべての人に健康と福祉を（600 字）」

「すべての人に健康と福祉を」とあるが、ここで言う健康とは病気や障害などの身体的な面だけではなく、差別や心の病気などに関する（　　）的なことも含んでいると考える。

視野を広げれば、５歳になれない子どもが世界には 530 万人いる。清潔な水を使える環境が整備されていない地域も多々ある。これらが途上国の現状だ。また、（　　）症の予防ができてなかったり、性差別があり、教育が受けられなく、将来、自立することができない子どももいる。そこで私は二つ提案する。

一つ目は、（　　　　）を打てば救える命があるということだ。５歳未満で死亡する主な原因は、肺炎、マラリアで、死因の３分の１は栄養不良が関係している。（　　　　）などの予防接種が受けられない主な理由は、（　　）がない、紛争や被災で（　　）サービスが機能していない、村に（　　）施設がない等々である。国連のユニセフを中心に、各国の（　　　　）制度の充実・発展を望みたい。二つ目は、（　　）症を人にうつさない対策が重要だ。これは一人ひとりができる対策だ。正しく手を洗う。小まめに手の消毒をする。マスクの着用、咳エチケットを徹底する。また、（　　）接種を必ず受けることも忘れてはならない。その他に、（　　）で発展途上国の医療を支えることも自分達ができる範囲の協力だ。最後に、日本や世界の現状を理解するとともに、周囲と情報をシェアし、交流を深めることで、連帯意識をもって取り組むことが市民社会に生きる（　　）だ。

「健康と福祉」の定義づけ、内容説明

補足説明

提案一

提案二

その他

⑥　2022年度　国際医療福祉大学―保健医療学部

構想メモ（文章展開設計図）

「私を論じる小論文」の場合　→ 具体例 ― 考察 ― 結論
「社会性のある小論文」の場合→ 定義づけ・現状 ― 背景
― 対策・意見 ・ 解決策

題（テーマ）

ヤングケアラーを取り巻く深刻な問題とその解決策についてあなたの考えを述べなさい。

[キーワードの**定義づけ**（内容説明）・**出題者のネライ**]

・ヤングケアラーとは、家族などの介護を行っている子どもを意味する言葉。※18歳未満がヤングケアラー
・大きな問題が発生する。

理由 または **テーマについての知識や捉え方** ＋ **論述に対する分析の視点**

ヤングケアラーが発生する理由
・両親のどちらかが離婚・死別によりいない、あるいは仕事などで忙しい場合、子どもが介護を担わざるを得ない状況であるため。
・また、要介護状況の祖父母世代と同居している場合、親世代に代わり子ども世代が介護のサポートをする、引き受けるから。

問題点

①　親子関係の逆転　②　教育問題：遅刻、早退・欠席・不登校

③　社会生活と友人関係（社会的孤立）④経済問題：貧困
⑤　人格形成と就職問題

現状の問題点

※総じて言えば、友人関係が希薄になりがちで孤立してしまう。あるいは、進学や就職を断念せざるを得ない状況になってしまう。

※ケアの内容としては、家事が多く、力仕事、外出時の介助付き添い。

※学業への支障、特に遅刻、早退・欠席が非常に大きな問題を招き、そのため、学力・就学機会の制限や友人関係の乏しさを招き、社会的孤立につながり問題視されている。

対策・意見・**解決策**

※相談したところで誰にも理解されない。

※教員の知識、認識不足もあり、ヤングケアラーを早期発見・支援したいが難しい（スクールソーシャルワーカー）。従って対応が難しい。

2022年度　国際医療福祉大学保健医療学部 「ヤングケアラー・問題と解決策」

ヤングケアラーとは、家族などの介護を行っている18歳未満の子どものことである。彼らが発生した理由は、両親のどちらかが離婚・死別によりいない、あるいは仕事などで忙しい場合、子どもが介護を担わざるを得ない状況であるためだ。また、要介護状況の祖父母世代と同居している場合、親世代に代わり子ども世代が、介護のサポートをしているのである。彼らを取り巻く問題は深刻である。総じて言えば、友人関係が希薄になりがちで孤立している。または、進学や就職を断念せざるを得ない状況になってしまう。ケアの内容としては、家事が多く、力仕事、外出時の介助、付き添いである。そのため、学業への支障、特に、遅刻・早退・欠席が非常に大きな問題を招き、彼らの学習の機会が制限され進学への意欲も奪われてしまっている。友人関係もつながりが薄れ、社会的孤立に陥ってしまうため、問題視されている。

定義づけ

理由(ヤングケアラーが生まれた理由)

現状の問題点

ところで実際のところとしては、ヤングケアラーは、相談しても誰も理解しないだろうと思っている。一方、教員は認識不足もあり対応が難しい。また、ソーシャルワーカーも早期発見し支援したいが難しい現状のようだ。

対策1

国の支援策として、早期把握・相談支援・家事育児支援・介護サービスの提供をあげている。東京都にはカタリバというNPO法人の子どもの教育支援活動を行う団体がある。私はカタリバが全国にできて連携した活動をし、国がバックアップすることを望む。

対策2

2022 年度　国際医療福祉大学保健医療学部　「ヤングケアラー・問題と解決策」

　ヤングケアラーとは、家族などの（　　）を行っている（　）歳未満の子どものことである。彼らが発生した理由は、両親の 定義づけ
どちらかが離婚・死別によりいない、あるいは仕事などで忙しい場合、子どもが（　　）を担わざるを得ない状況であるためだ。また、要介護状況の（　　　）世代と同居している場合、（　）世代に代わり子ども世代が、（　　）のサポートをしているのである。 理由（ヤングケアラーが生まれた理由）
彼らを取り巻く問題は深刻である。総じて言えば、（　　）関係が希薄になりがちで（　　）している。または、進学や就職を（　　）せざるを得ない状況になってしまう。ケアの内容としては、（　　）が多く、力仕事、外出時の（　　）、付き添いである。そのため、学業への支障、特に、遅刻・早退・欠席が非常に大きな問題を招き、彼らの（　　）の機会が制限され（　　）への意欲も奪われてしまっている。（　　）関係もつながりが薄れ、社会的（　　）に陥ってしまうため、問題視されている。 現状の問題点

　ところで実際のところとしては、ヤングケアラーは、相談しても誰も（　　）しないだろうと思っている。一方、教員は（　　）不足もあり対応が難しい。また、ソーシャルワーカーも早期発見し支援したいが難しい現状のようだ。 対策1

　国の支援策として、早（　）把（　）・相（　）支（　）・家（　）育（　）支援・介護サービスの提供をあげている。東京都にはカ（　　）バというＮ（　）Ｏ法人の子どもの教育支援活動を行う団体がある。私はカ（　　）バが全国にできて連携した活動をし、（　）がバックアップすることを望む。 対策2

⑦　2022 年度　国際医療福祉大学―保健医療学部

構想メモ（文章展開設計図）

「私を論じる小論文」の場合　→ 具体例 ― 考察 ― 結論 「社会性のある小論文」の場合→ 定義づけ・現状 ― 背景 ― 対策・意見 ・ 解決策

題（テーマ）

国立社会保障・人口問題研究所の将来推計によれば、2025 年の単身世帯（1 人暮らし）は、約 2000 万世帯になり、6 人に 1 人強が 1 人暮らしになるとみられています。50 代以上の年齢階層で単身世帯数が増え、とくに 80 歳以上の単身世帯の増加が予想されています。この状況が社会に与える影響とその解決策について、あなたの考えを述べなさい。

[キーワードの**定義づけ**（内容説明）・**出題者のネライ**]

・2025 年には国民の 3 人に 1 人が高齢者になり、日本の総人口の平均年齢は 52 歳になると言われている。

・80 歳以上の単身世帯の増加が予想される。とくに、単身高齢者増加による影響。

→高齢者個人への影響と社会への影響が考えられる。

小結論 ＋ **理由** または **テーマについての知識や捉え方** ＋ **論述に対する分析の視点**

・単身高齢者の個人の問題であっても、社会に与える影響につながっている。つまり、個人の問題は社会に与える問題となっていくのである。

考察・背景（原因・理由） ＋ **問題点**

・単身高齢者の問題→認知症、孤独死、生活意欲の低下

・孤立による問題点→生き甲斐がない、フレイル（虚弱状態）の出現、
会話の減少による満足度の低下

・高齢者増加による社会問題
→高齢者による犯罪の増加
消費者契約のトラブル

対策・意見・**解決策**

※地域や自治体だけでなく、身近な人への声かけ

・社会的に高齢者を孤立させないこと。

・仕事や地域活動、ボランティアなどを通して社会とのつながりを濃くし、周囲と信頼しあえる関係を築いていく。

・高齢者の雇用を増やす、介護施設サービスの充実など、ライフスタイルに合わせた人生の選択ができる社会が求められている。

2022年度　国際医療福祉大学保健医療学部「とくに80歳以上の単身高齢者の増加が予想される。その影響と解決策（600字）」

80歳以上の単身世帯の増加が予想される。そこで、単身世帯の高齢者の増加の問題は社会に与える影響につながっているという視点から、その解決策について述べる。

出題テーマに対する論述の方法の説明

まず、単身世帯の高齢者の個人的な問題としては、認知症、孤独死、生活意欲の低下などがあげられる。その背景には、孤立した生活から生き甲斐が感じられない、会話することが少ないため満足感が減少し、結果、身体が衰弱し、虚弱状態に陥ってしまのである。一人暮らしのため、認知症や体調不良も気づかず、まして地域とのつながりがないと事態は進行してしまうのである。結果、近所とのトラブルを起こしやすく、そのことで近所づき合いもしづらくなり、社会的孤立がますます進んでしまう。次に、単身高齢者増加の社会に与える影響である。社会的孤立にある単身高齢者は、自分なら大丈夫という思い込みがあるため、訪問販売やオレオレ詐欺などに狙われやすく、消費者契約のトラブルに巻き込まれるなど、被害者となる可能性が増加している。

社会に与える影響①（単身高齢者の個人的な問題）

社会に与える影響②（単身高齢者増加による影響）

以上を踏まえ、対策として私はこう考える。単身高齢者を孤立させないこと。そのために地域や自治体だけでなく、身近な人の声かけをすること。仕事、地域活動、ボランティアを通してつながりを濃くする。また、高齢者の雇用を増やす、介護サービスの充実など、ライフスタイルに合わせた人生の選択ができる社会が求められている、と私は考える。

対策（解決策）

2022年度　国際医療福祉大学保健医療学部「とくに80歳以上の単身高齢者の増加が予想される。その影響と解決策（600字）」

出題テーマに対する論述の方法の説明

80歳以上の単身世帯の増加が予想される。そこで、単身世帯の高齢者の増加の問題は社会に与える影響につながっているという視点から、その解決策について述べる。

社会に与える影響①（単身高齢者の個人的な問題）

まず、単身世帯の高齢者の個人的な問題としては、（　　）症、（　　）死、生（　）意（　）の低下などがあげられる。その背景には、孤立した生活から生き（　　）が感じられない、会話することが少ないため（　　）感が減少し、結果、（　　）が衰弱し、（　　）状態に陥ってしまのである。（　　）暮らしのため、（　　）症や体（　）不（　）も気づかず、まして地域とのつながりがないと事態は進行してしまうのである。結果、（　　）とのトラブルを起こしやすく、そのことで（　　）づき合いもしづらくなり、社会的（　　）がますます進んでしまう。

社会に与える影響②（単身高齢者増加による影響）

次に、単身高齢者増加の社会に与える影響である。社会的孤立にある単身高齢者は、自分なら（　　　）という思い込みがあるため、（　　）販売や（　　　　）詐（　）などに狙われやすく、（　　）者契約のトラブルに巻き込まれるなど、（　　）者となる可能性が増加している。

対策（解決策）

以上を踏まえ、対策として私はこう考える。単身高齢者を（　　）させないこと。そのために地域や（　　　）だけでなく、身近な人の声かけをすること。仕事、（　　）活動、ボランティアを通してつながりを濃くする。また、高齢者の（　　）を増やす、（　　）サービスの充実など、（　　　）スタイルに合わせた（　　）の選択ができる社会が求められている、と私は考える。

⑧　2022年度　国際医療福祉大学―保健医療学部

構想メモ（文章展開設計図）

「私を論じる小論文」の場合　→具体例―考察―結論
「社会性のある小論文」の場合→定義づけ・現状―背景―対策・意見・解決策

題（テーマ）

2021年夏に開催された東京オリンピック・パラリンピックは1年延期されたうえ、原則無観客での開催となり、新型コロナウイルスの感染対策で選手や関係者の行動が厳しく管理される異例ずくめの大会になりました。あなたは東京オリンピック・パラリンピックが開催されたことをどのように評価しますか。この大会を通じて、あなたが受けた感動もしくは影響をふまえ、あなたの考えを述べなさい。

[キーワードの**定義づけ**（内容説明）・**出題者のネライ**]

・オリンピックの評価―どんな点で評価されるのか。感染拡大を心配していた。
・感動もしくは影響―開会式、閉会式のものか。スポーツ競技のものか。無観客試合の中での影響として考えられることは何か。

小結論 ＋ **理由** または **テーマについての知識や捉え方** ＋ **論述に対する分析の視点**

・開催前のアンケートでは反対が半数以上。反対・中止すべきだ。
　終了後のアンケートでは賛成が半数以上。賛成・やってよかった。
・やはり、オリンピックは続けるところに意味がある。存在意義を感じている。

考察・背景（原因・理由）＋**問題点**

　感染拡大という影響を防ぐための課題
・今後開催するためには課題が山積み～。
・第一にオリンピックは儲かるイベント、商業主義が蔓延した。例えば、米国テレビ局の要請で開催が７・８月になった。
・第二にオリンピックを開催した国が、その後不況に陥っている。
・第三に競技の運営方法の検討

対策・意見・**解決策**
・今後は多種多様な人々の意見を傾聴し～。

2022年度　国際医療福祉大学保健医療学部「東京オリンピック・パラリンピックの評価、感動もしくは影響を踏まえ考えを述べよ。(600字)」

東京オリンピック・パラリンピックは、コロナ禍で困難なさ中、開催され終了したことは、評価されると私は考える。なぜなら、開催前のアンケート調査では中止すべきに賛成だった人が全体の半数以上であったが、終了後のアンケートではやってよかった人が半数以上いたことからも、人々はオリンピック開催に何らかのことを期待していたことがわかる。やはり、オリンピックは続けるところに、大きな意味、存在意義を感じているのだ。

主張（考え）

その理由

しかし、今後感染拡大という影響を防ぐための課題は山積みである。第一にオリンピックは儲かるイベントと考えられ商業主義が蔓延した。例えば、国際オリンピック委員会がアスリートよりスポンサーやテレビ局を優先し、米国テレビ局の要請で開催が7・8月になった。第二に、オリンピックを開催した国がその後、不況に陥るといわれている。今回、無観客試合にしたことで、観客用のチケットが売れず、収入が全く入らなかった。反対に会場の準備や維持費など赤字が加算された。またその後の競技会場の施設をどう利用するかも重大だ。過去の開催国では利用機会が激減し廃墟になった例もある。第三に、競技の運営方法の検討である。新種目もあり、季節や競技会場など同一の季節、会場でなく、種目に適した選択をすることで、選手に負担をかけることなく、観客も安心して観戦できると考えられる。今後は多種多様な人々の意見を傾聴し、英知を結集した準備を望みたい。

課題（第一）開催するために、感染拡大という影響を防ぐための課題

（第二）

（第三）

結び

2022年度　国際医療福祉大学保健医療学部　「東京オリンピック・パラリンピックの評価、感動もしくは影響を踏まえ考えを述べよ。(600字)」

主張（考え）

東京オリンピック・パラリンピックは、コロナ禍で困難なさ中、開催され終了したことは、評価されると私は考える。なぜ

その理由

なら、開催前のアンケート調査では中止すべきに賛成だった人が全体の半数以上であったが、終了後のアンケートではやってよかった人が半数以上いたことからも、人々はオリンピック開催に何らかのことを期待していたことがわかる。やはり、オリンピックは続けるところに、大きな意味、存在意義を感じているのだ。

課題（第一）開催するために、感染拡大という影響を防ぐための課題

しかし、今後感染拡大という影響を防ぐための課題は山積みである。第一にオリンピックは（　）かるイベントと考えられ（　）主義が蔓延した。例えば、国際オリンピック委員会がアスリートよりスポンサーやテレビ局を（　　）し、米国テレビ局

（第二）

の要請で開催が７・８月になった。第二に、オリンピックを開催した国がその後、（　　）に陥るといわれている。今回、（　　　　）にしたことで、観客用のチケットが売れず、収入が全く入らなかった。反対に会場の準備や維持費など赤字が加算された。またその後の競技会場の施設をどう利用するかも重大だ。過去の開催国では利用機会が激減し（　　）になった例も

（第三）

ある。第三に、競技の（　　）方法の検討である。新種目もあり、季節や競技会場など同一の季節、会場でなく、種目に適した選択をすることで、選手に負担をかけることなく、観客も安

結び

心して観戦できると考えられる。今後は多（　）多（　）な人々の意見を傾聴し、（　　）を結集した準備を望みたい。

⑨ 2022 年度　国際医療福祉大学―保健医療学部

構想メモ（文章展開設計図）

「私を論じる小論文」の場合　→［具体例］―［考察］―［結論］
「社会性のある小論文」の場合→［定義づけ・現状］―［背景］
―［対策・意見］・［解決策］

題（テーマ）

インターネット上で気軽にコミュニケーションを行うことができるようになった一方で、匿名のまま不特定多数に向けて特定個人の誹謗中傷を書き込むなどのネットの悪質な行為が深刻な社会問題となっています。その背景と、あなたが考える解決策について、あなたの考えを述べなさい。

[キーワードの**定義づけ**（内容説明）・**出題者のネライ**]
・インターネット上の悪質な行為に対して
・情報リテラシーを養っておくこと

小結論 ＋ **理由** または **テーマについての知識や捉え方** ＋ **論述に対する分析の視点**
・インターネット上の悪質な行為で最も問題になっているのは、誹謗中傷である。そもそも批判的な思いを持っている人ほど、レビューに積極的に書き込むという。
・なぜなら、相手の顔が見えないから書きやすいためだといわれている。また、インターネット上では、第三者による監視やチェックが入りにくいために起こるのである。

考察・背景（原因・理由）＋問題点

・重要なポイントは、投稿した本人は、書いた時点ではそれを誹謗中傷と認識していない可能性がある。つまり、インターネットなど非対面のコミュニケーションでは、人はつい攻撃的な強い口調になりやすいからだ。

・次に本当に悪質な行為には次のようなものがある。

▶不確かな情報の拡散により、デマやうわさが広まる。

▶誘い出し、なりすまし、つまりSNSで知り合った人に誘い出される。

▶また、個人情報の漏洩により、アップした写真から名前や家が知られる。

▶更にはネット詐欺、著作権、肖像権の問題などである。

これらは、個人情報のデータ化が進んだことによるものだ。コンピューターウイルスへの感染やハッカーやクラッカーによる不正アクセスによって情報が漏洩し悪用されているのだ。

対策・意見・解決策

・これらの問題解決の対策としては、リスクマネジメントの不十分さが起こる原因となっている。

・従って自己防衛策を講じることを最優先にする必要がある。具体的には、個人情報の管理を厳重にする。セキュリティ面の強化、フィルタリング、つまり、インターネット上の特定のWebページを見ないようにする等々、情報リテラシーを養っておくことが必要である、と私は考える。

2022年度　国際医療福祉大学保健医療学部　「インターネット上の悪質な行為……その背景と解決策について考えを述べよ。(600字)」

インターネット上の悪質な行為に対しての解決策について、私は情報リテラシーを養っておくことと考えている。

インターネット上の悪質な行為で問題なのは、誹謗中傷である。批判的な思いを持っている人ほど、レビューに積極的に書き込むという。なぜなら、相手の顔が見えないから書きやすいためだ。また、インターネット上では第三者による監視やチェックが入りにくいために起こるのである。重要なポイントは、投稿した本人は、書いた時点ではそれを誹謗中傷と認識していない可能性がある。それは、インターネットなど非対面のコミュニケーションでは、人はつい攻撃的な口調になりやすいからだ。

次に本当に悪質な行為には次のようなものがある。不確かな情報の拡散により、デマやうわさが広まる。誘い出し、なりすまし、つまりSNSで知り合った人に誘い出される。また、個人情報の漏洩により、アップした写真から名前や家が知られる。更にはネット詐欺、著作権、肖像権の問題などである。これらは、個人情報のデータ化が進んだことによるものだ。コンピューターウイルスへの感染やハッカーによる不正アクセスによって情報が漏洩し悪用されているのだ。

問題解決の対策は、個人情報の管理を厳重にすることだ。セキュリティ面の強化、インターネットの特定のWebページを見ない等、情報リテラシーを養うことだ、と私は考える。

「問」に対する小結論

悪質な行為とその背景

悪質な行為の例

解決策

2022年度　国際医療福祉大学保健医療学部「インターネット上の悪質な行為……その背景と解決策について考えを述べよ。(600字)」

インターネット上の悪質な行為に対しての解決策について、私は（　　　　　　　）を養っておくことと考えている。 「問」に対する小結論

インターネット上の悪質な行為で問題なのは、誹（　）中（　）である。批判的な思いを持っている人ほど、レビューに積極的に書き込むという。なぜなら、相手の顔が見えないから書きやすいためだ。また、インターネット上では（　　　）による監視やチェックが入りにくいために起こるのである。重要なポイントは、投稿した本人は、書いた時点ではそれを誹（　）中（　）と認識していない可能性がある。それは、インターネットなど非対面のコミュニケーションでは、人はつい攻撃的な口調になりやすいからだ。 悪質な行為とその背景

次に本当に悪質な行為には次のようなものがある。不確かな情報の拡散により、（　　）やうわさが広まる。誘い出し、なりすまし、つまりSNSで知り合った人に誘い出される。また、個人情報の（　　）により、アップした写真から名前や家が知られる。更にはネット詐欺、（　）作権、（　）像権の問題などである。これらは、個人情報のデータ化が進んだことによるものだ。コンピューターウイルスへの感染やハッカーによる不正（　　　　）によって情報が（　　　）し悪用されているのだ。 悪質な行為の例

問題解決の対策は、個人情報の（　　）を厳重にすることだ。セキュリティ面の強化、インターネットの特定のWebページを見ない等、情報（　　　　　）を養うことだ、と私は考える。 解決策

2　防衛医科大学校看護学科小論文攻略法

⑩　2021 年度　防衛医科大学校看護　小論文

（90 分）

次の文章を読み、設問に答えなさい。

「むこう側」

早期がんの多くは、抗がん剤の治療をすれば治る。でも 10 代の女の子にとっては「髪の毛がなくなるなんて死んでも嫌」な場合もある。涙ながらの家族の説得で治療を決めたものの、気持ちがささくれ立った彼女には、周り全てが敵に見えていたことだろう。病室内で暴れ叫ぶ彼女が、看護師 1 年目の私には怖かった。

私が彼女の受持ちだったある日、検温中に「いつになったら毛が生えてくる？」と聞かれた。彼女はウィッグを着けていた。下手なことを言ってはいけない。何か質問されたら「医師から聞いている通りです」と言うことになっていた。私はそのせりふを口にした。

「いや、医師とかいいから。今までの経験上でいいから教えて」

まだ 1 年目だからこんな経験初めてだ。どうしよう。真っすぐな瞳で見つめられた私は、自信のなさを見透かされたようで耐えきれず、思わず目をそらした。その時である。

「今、笑っただろう！　私の髪がないのが、そんなにおかしいか！」

彼女は怒声と共に私に詰め寄り、後ずさる私のお腹に向けて力いっぱい500ミリリットルのペットボトルを投げつけた。先輩によりその場は収められたが、人からあんなに「怒り」をぶつけられたことは初めてで、お腹の痛みよりも、真っすぐな瞳をかわすことしかできなかった自分が情けなくて、涙があふれてきた。

もう彼女と関わりたくなかったが、先輩からプロとして患者と向き合うよう言われ、当たり障りのない関わりを続けた。仕事に行くのが苦痛だった。

「ペットボトル投げてごめんね」

退院時、ぶっきらぼうに彼女にそう言われた。あれから１ヵ月半が経過していた。きっと、ずっと気にしていて、最後だからとよそを向きながら口にしてくれた彼女のその言葉に、私は胸がいっぱいになった。

私こそ、きちんと向き合えなくてごめんなさい。あなたのおかげで、逃げない自分でありたいと強く思えた。ヒリヒリ痛んでいたはずのお腹が、今度は何だかむず痒(がゆ)かった。「働くことのむこう側」が、少しだけ見えた気がした。

（第７回忘れられない看護エピソード　看護職部門入選『むこう側』から引用）

設問　このように患者さんから、意図しない怒りをぶつけられた時、どのように対処したらよいと考えますか。患者さんへの対処法と自分自身のストレス対処法とに分けて800字以内で述べなさい。

⑩　防衛医科大・看護学科　小論文問題 2021年（令和3年）度 「むこう側」課題文型

問　このように患者さんから、意図しない怒りをぶつけられた時、どのように対処したらよいと考えますか。患者さんへの対処法と自分自身のストレス対処法とに分けて800字以内で述べなさい。

関根による分析の視点→

医療人としてのコミュニケーション

怒りは病気が治らないことからの怒りだ

クレームに対する対処法・医療論・看護論

▶事前・事後学習のための小論文過去問題A・B・C

＜解答の書き出し＞※設問文を用いる。

・患者さんから、意図しない怒りをぶつけられた時、課題文では真っすぐな瞳をかわすことしかできなかったとある。

・それに対して、患者さんへの対処法と自分自身のストレス対処法とに分けて述べると次のようになると私は考えている。

・まず患者さんへの対処法としては、……
私自身がもしあなたの立場であったら……

考察1　※怒りの分析→否認、防衛反応

・人は誰もが運命みたいなものを持って生きているのです。身体が不自由だという運命、病気という運命、心が病気だという運命など様々です。

・だから……などと言って励ましていく。

考察２　※プラス思考の考え方

・次に、自分自身のストレス対処法についてです。

第１に……

第２に……

第３に……

考察３　※医療人として患者（＝人間）をどう捉えるか

・ところで、医療の道を志す者は……

2021年度　防衛医科大学校看護「患者さんから意図しない怒りをぶつけられた時、どのように対処したらよいと考えますか。患者さんへの対処法と自分自身のストレス対処法とに分けて800字以内で述べなさい。」

課題文では、患者さんから、意図しない怒りをぶつけられた時、患者さんの真っすぐな瞳をかわすことしかできなかったとある。このような時、患者さんへの対処法と自分自身のストレス対処法とに分けて述べると次のようになると私は考えている。

「問」に対する私の答え方を示す
論述の仕方

まず患者さんへの対処法として、「たいへん辛いことだと思います。私がもしあなたの立場であったら、やはり受け入れることなどできないでしょう。我慢するだけでも立派なことです」と言って接する。加えて、「人は誰もが運命みたいなものを持って生きているのです。身体が不自由だという運命、病気という運命、心が病人でいるという運命など様々です。苦しくなったら言ってください。私も一緒に我慢します」などと言って励ましていく。実は、患者さんが怒りをぶつけるのは、病気がよくならないのを認められないからなのだ。納得できないし、怒りをぶつけられるのは医療人しかいないからだ、と私は考える。

病気に対する（人生の）姿勢
＝
生き方としての

患者さんの対処法（どんな怒りも受け入れる＝寄り添う）
一般のコミュニケーションに対して →
課 医療人としてのコミュニケーションが書けるか？
※単なる同情ではダメ
この発想があればです。

怒りの分析（否認防御反応）
が分からなければ、何も書けない。
課 （医療や心理（学））の本を読んでなければ、何も出てこない。または、感情的な話になってしまう。

次に、自分自身のストレス対処法についてである。第一に、嫌なことは忘れ、いいことだけ覚えておく。過去のよい思い出や感動したことを振り返り、生きる喜びを再現させることで明日への希望につなげていく。第二に、日記を書く。日記により自分自身を点検することで、自分をとり戻す。第三に、自分にとっての趣味である音楽を聴くことで、生きる活力を蘇えらせる。音楽で味わう喜びや感動を前進へのエネルギーにしていく。感動を、喜びを、夢を力にしていく生き方で人生を歩んでいきたい。

課ストレス対処法の中で（自分を見つめ・自分を成長させ）生きるエネルギーに変えていける発想がほしい。
ここは書けて当たり前です。
自分自身のストレス対処法（プラス思考の考え方）

ところで医療の道を志す者は、医療の対象が生身の人間であり、医療は人間のためにあることを常に心掛けることが大切である。従って、医療の勉強は当然だとして人間として成長する能力をどう養成するかということだ。ナイチンゲールは、優れた看護師は何年仕事を続けていても「私は毎日何かを学んでいます」と言う。私もそのように生きたい。

課医療人として（患者（さん）を人間としてどう見るか／患者（さん）とどう接するか）という見方、考え方を勉強していれば書ける。
＝医療論＝（看護論であり医療論）
医療人として患者（＝人間）をどう捉えるか。

課わずか「３行」ですが、言葉を知っていれば（勉強していれば）書ける。
単なる結びでは差がつかない。

課＝課題のこと

留意点

①　課題のポイントは５つあります。○／５できたでしょうか。

②　医療関係の本を読んで医療について語れる人は、きっと書けたでしょう。

③　教科の勉強で、せいいっぱいだった人は、将来の医療人としての考え方を学ぶ必要があるでしょう。

2021年度　防衛医科大学校看護「患者さんから意図しない怒りをぶつけられた時、どのように対処したらよいと考えますか。患者さんへの対処法と自分自身のストレス対処法とに分けて800字以内で述べなさい。」

【パターン1】

課題文では、患者さんから、意図しない怒りをぶつけられた時、患者さんの（　　　　　　）をかわすことしかできなかったとある。このような時、患者さんへの（　　　　）と自分自身の（　　　　　　）とに分けて述べると次のようになると私は考えている。

「問」に対する私の答え方を示す

論述の仕方

まず患者さんへの対処法として、「たいへん辛いことだと思います。（

）立派なことです」と言って接する。加えて、「人は誰もが（

）様々です。苦しくなったら言ってください。私も一緒に我慢します」などと言って励ましていく。実は、患者さんが怒りをぶつけるのは、（

）、と私は考える。

患者さんの対処法（どんな怒りも受け入れる＝寄り添う）

怒りの分析（否認防御反応）

次に、自分自身のストレス対処法についてである。第一に、嫌なことは忘れ、いいことだけ覚えておく。過去のよい思い出や感動したことを振り返り、生きる喜びを再現させることで明日への希望につなげていく。第二に、日記を書く。日記により

自分自身のストレス対処法

自分自身を点検することで、自分をとり戻す。第三に、自分にとっての趣味である音楽を聴くことで、生きる活力を蘇えらせる。音楽で味わう喜びや感動を前進へのエネルギーにしていく。感動を、喜びを、夢を力にしていく生き方で人生を歩んでいきたい。

（プラス思考の考え方）

ところで医療の道を志す者は、医療の対象（

）ナイチンゲールは、（

）は何年仕事を続けていても「私は毎日（

）でいます」と言う。私もそのように生きたい。

医療人として患者（＝人間）をどう捉えるか。
（看護論であり医療論）

2021 年度　防衛医科大学校看護　「患者さんから意図しない怒りをぶつけられた時、どのように対処したらよいと考えますか。患者さんへの対処法と自分自身のストレス対処法とに分けて 800 字以内で述べなさい。」

【パターン２】

（

）

「問」に対する私の答え方を示す
論述の仕方

まず患者さんへの対処法として、「たいへん辛いことだと思います。（

）立派なこと

患者さんの対処法

です」と言って接する。加えて、「人は誰もが（

）励ましていく。実は、患者さんが怒りをぶつけるのは、（

）、と私は考える。

（どんな怒りも受け入れる＝寄り添う）

怒りの分析（否認防御反応）

※前半の400字の場合です。後半は省略。

▶事前・事後学習のための小論文過去問題A・B・C

A　2014年（平成26年）度　北里大学・看護学部小論文問題

＊課題文はコミュニケイションのレッスンの話

問　著者の主張を要約し、それに対するあなたの考えを、800字以内で記述しなさい。

関根による分析の視点→

コミュニケーションの考え方

医療人としての考え方・看護論・医療論

＊課題文に医療用語はない。しかし、安心は禁物！

❶ 2014 年（平成 26）度　北里大学看護学部（一般）　小論文

（60 分）

次の文章を読んで、後の問いに答えなさい。

　コミュニケイションの得意な人は、常に「元気で明るい」人ではありません。常に「元気で明るい」状態は人間として不自然です。

　常に「元気で明るい」という呪縛が「コミュニケイションは苦手だ」という意識を持つ人を大量に作っていると、僕は思っています。

　僕は演劇の演出家を 30 年ぐらいやって、映画を撮ったり小説を書いたりしていますから、たまに接待を受けることもあります。

　じつは僕は接待が苦手です。僕を接待する人は、常に「元気で明るく」会話しようとする人が多いです。けれど、一緒に食事をしますから２時間前後、ずっと「元気で明るい」のは人間として不自然なのです。

　親しい相手で会話が弾んだ場合ならあるかもしれませんが、たいていの接待は、「これからよろしくお願いします」という比較的馴染んでない相手の場合が多く、よく知らない相手が２時間ずっと「元気で明るい」のはどうもおかしいと感じてしまうのです。

　夜の飲食街を歩いていると、黒塗りの高級ハイヤーやタクシーの前に、背広姿の男性達が集まり、「それでは失礼します！」とか「今日はありがとうございました！」なんて言いながら元気にお辞儀している風景にぶつかります。ハイヤーやタクシーが発進して見えなくなった瞬間、懸命にお辞儀していたサラリーマン達は、本当に深い溜め息をつきます。「元気で明るい」仮面を瞬間的に取り去って、疲労と虚脱（きょだつ）の素顔（すがお）を見せるのです。

大変だなあと僕は同情するのですが、同時に、こんな「元気で明るい」接待を受けた方も大変だったんじゃないかと勝手に心配するのです。

「必死に気を使っている」という状態は相手に伝わります。接待する側がリラックスすることなく、いつも気を使っている場合、それはそのまま、相手に伝わります。接待を受ける側に相手の緊張が伝わり、同じように緊張するのです。

ちなみに、電車の中の女子高生の集団にも、同じ現象を僕は見ます。元気で明るい笑顔でホームに降りた女子高生は、一瞬で真顔になります。本当に会話が楽しかったら、ゆっくりと普通の表情に戻るはずです。それが、一瞬で変わるということは「元気で明るく」会話しようと決めていたからだと、僕には思えるのです。

接待の話に戻れば、僕がほっとする飲み会は、相手の身体がリラックスしている時です。ゆるんでいる状態と言ってもいいです。そして、必要以上に微笑むことなく、楽な状態でいてくれる相手です。そういう場合は、僕の身体もゆるみ、コミュニケイションが楽に続けられるのです。

出典：『コミュニケイションのレッスン　聞く・話す・交渉する』
鴻上尚史著　大和書房

（問い）著者の主張を要約し、それに対するあなたの考えを、800字以内で記述しなさい。

構想メモ（文章展開設計図）

2014年（平成26年）度　北里大学看護学部（一般）

課題文型小論文

出典：『コミュニケイションのレッスン　聞く・話す・交渉する』

鴻上尚史著　大和書房

著者の主張 ＋ **理由** ・ **出題者のネライ**

※論文では　「です」（敬体）…×
　　　　　　「である」（常体）…○

・コミュニケーションが楽に続けられる場合とは、相手の身体がリラックスしている時です。

・必要以上に微笑むことなく、楽な状態でいてくれる相手の時だから

つなぎの段落

・この著者の考え方に私は賛同するとともに、〜のようなものを痛感する。

・一般的にも〜

・まして、医療の場合、〜

考察1

・ところで、医療人とくに医師と患者さん〜

・近ごろ

考察2

・医師は患者さんに症状として

・ここにこそ、看護師の～

考察3

・即ち、患者さんの

・（結び）手短な引用（例　ナイチンゲールの言葉など）＋自分の言葉

2014年（平成26年）度　北里大学看護学部（一般）

課題文では、コミュニケーションが楽に続けられるのは、相手の身体がリラックスしている時であると著者は述べている。なぜなら、楽な状態でいてくれる相手だから、著者の身体もゆるみ、その結果、コミュニケーションが楽に続けられるのであるという。この著者の考え方に私は賛同するとともに、人との接し方の秘訣のようなものを痛感する。一般的にもコミュニケーションは、自分から心を開いて接しなければ、相手も心を開かないだろう。まして、医療の場合、看護師と患者さんの関係において、看護師が心を開いて患者さんの思いを受け入れていこうという姿勢があってこそ、患者さんは安心して接してくれるのではないか、（と私は考える）と考えるところである。

ところで、医療人とくに医師と患者さんの信頼関係は、コミュニケーションが良好な場合、医療効果にもよい影響をもたらすと考えられる。近ごろ、インフォームド・コンセントの形骸化が指摘されているが、それは患者さんにとって分かりにくい言葉で医師が話すことに、原因があると言われている。

医師は患者さんに症状の説明の中で専門用語を用いて話すため、患者さんには難しく、また質問もしにくくなってしまうのが、現状のようである。ここにこそ、看護師の役割がある、と私は考えている。

即ち、患者さんのいるところではゆっくり歩き、患者さんの話には耳を傾け、いつも話しやすい雰囲気を作る

（欄外注記）
著者の主張
理由
医療人としての考え　持論
医療用語　書き方の重要な捉え方①課題文に医療用語はない。しかし、安心は禁物!!②医療人として考え方と持論（看護論、医療論）が大半です!!③コミュニケーションの考え方を学ぶ。
関連した表現
キーワード
（その理由）＋（著者の主張）
（それに対する私の考え）＋補足
この補足で持論（自分の土俵）に持ち込む
持論1　ここは（医療論）インフォームド・コンセント捉え方
◎最重要なキーワード
持論2（看護論）
持論3（医療論）

ことで、患者さんは質問しやすくなるであろう。このことは、課題文で著者が述べているように、相手の身体がリラックスしている時、コミュニケーションが楽に続けられるということと、同様であると考えられる。

著者の主張を踏まえる　医療人としての考え

ナイチンゲールの言葉に、優れた看護師は十年仕事をしていてもいつも学んでいるとあるように、私もリラックスした中でのコミュニケーションで患者さんに接し、人間に対する理解と生き方を深め成長をはかる決意である。

ナイチンゲールの言葉など手短な引用＋自分の言葉（結び）

2014年（平成26年）度　北里大学看護学部（一般）

課題文では、（

）と著者は述べている。なぜなら、（

）この著者の考え方に私は賛同するとともに、人との接し方の秘訣のようなものを痛感する。一般的にもコミュニケーションは、自分から心を開いて接しなければ、相手も心を開かないだろう。まして、医療の場合、看護師と患者さんの（

）

（その理由）＋（著者の主張）

（それに対する私の考え）＋補足

この補足で持論（自分の土俵）に持ち込む

ところで、医療人とくに医師と患者さんの信頼関係は、コミュニケーションが良好な場合、医療効果にもよい影響をもたらすと考えられる。近ごろ、（

持論1　ここは（医療論）インフォームド・コンセント

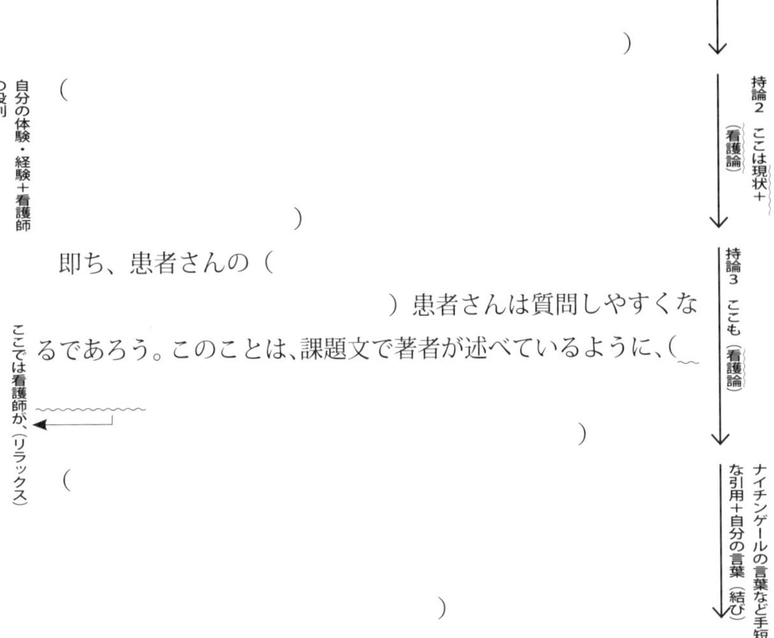

（

）

即ち、患者さんの（

）患者さんは質問しやすくなるであろう。このことは、課題文で著者が述べているように、（

）

（

）

B　2011 年（平成 23 年）度　北里大学看護学部　小論文問題
　＊課題文は「人間の器量」福田和也著　新潮新書より
問　著者の主張に対するあなたの考えを、800 字以内で記述しなさい。

関根による分析の視点→
　ゆっくり生きるのは生きるなりの知恵がいる・看護論
　患者さんとの接し方、ゆっくりよく看（み）る・医療論

❷ 2011 年（平成 23 年）度　北里大学看護学部（選抜）小論文問題

（60 分）

次の文章を読んで、後の問いに答えなさい。

『忘れられた日本人』で知られる宮本常一（つねいち）は、とにかく歩きまわった人でした。
郵便局員、小学校教師と職を転々とし、篤農協会やアチックミューゼアムと関わりながら民俗学、漁業、農業、離島などの調査に携わった人です。生涯にわたって自分の足で調査をつづけ、宮本を見いだした渋沢敬三——渋沢栄一の孫です——が「日本列島の白地図の上に、宮本くんの足跡を赤インクでたらすと、列島は真っ赤になる」と語ったほど歩きまわった人でした。

中略

自分の足で歩いていくことは、人と出会う事であり、考える事、見つける事だと宮本は云っています。歩き、考えることが好きだったとも。誰もが文明の力を借りて、高速で移動している時代に、自分の足をつかって移動することは、その分、丁寧に物を考え、発見するということになるのです。宮本の父親は、つねづね「先をいそぐことはない、あとからゆっくりついていけ、それでも人の見のこしたことは多く、やらねばならぬ仕事が一番多い」と、語っていたそうです。

急がないこと、自分のペースで生きていくというのは、なかなか難しい。

今はとくにそうですね。真面目は人ほど、焦ってしまう。急がざるをえない。けれども、急ぐということは、それだけ考えないということであり、見ないということでもある。その事になかなか、人は気づかない。

宮本常一は、肺を患っていて体調が万全ではなく、若い頃はたびたび故郷での療養を余儀なくされています。それもあってゆっくり生きていく、丁寧に生きることをせざるを得なかった。

けれども、そういう生き方をしたからこそ、他人よりも、一分、一秒でも早くたどりつこうと競争している人には見つけることが出来ない事象を発見し、メディアがつかまえる事の出来ない人と出会ったのです。

宮本の『忘れられた日本人』は、岩波文庫のなかでも、指折りのベストセラーでアンケートでも夏目漱石の『こころ』と並ぶ人気を誇っているそうですが、この本はみんな彼が自分で歩いて、出会った老人たちから聞いた話です。一口に庶民と云い、古老というけれど、一人一人が小説よりもよほどドラマチックな人生を送っている。

それを聞き取り、丁寧に文章として定着させることで、文豪の傑作と比肩するような作品を残すことが出来たのです。

歩くことは、大変だけれど、元手はそんなにかからない。別に遠くまでいかなくてもいい。宮本常一の父親が教えたように、急いで先へ先へと進んでゆく人たちが見逃してしまうものを見つける。見て考える。

もちろん、誰もが急いでいる時代に、ゆっくりする事は難しい。

それでも、我慢してゆっくりしていれば、誰も気づかないものが見えてくる。

ゆったり生きることで、自分なりの風格を身につける事ができる。

大事なのは、ゆっくり生きるのは、生きるなりの知恵がいるという事です。

後略

出典：『人間の器量』　福田和也著　新潮新書より

（問い）著者の主張に対するあなたの考えを、800字以内で記述しなさい。

2011年（平成23年）度　北里大学看護学部（選抜）

【小論文の準備【看護・医療系のまとめ方】

「私を論じる小論文」の場合　→［具体例］―［考察］―［結論］
「社会性のある小論文」の場合→［定義づけ・現状］―［背景］
―［対策・意見］・［解決策］

課題文型小論文

出典：「人間の器量」福田和也　著　新潮新書より

・『忘れられた日本人』で知られる宮本常一氏の話。

・氏は歩き回る人だった。

・大事なのは、ゆっくり生きるのは、生きるなりの知恵がいるという事です。

[キーワードの**定義づけ**（内容説明）・**出題者のネライ**]

・ゆっくり生きるのは、生きるなりの知恵がいるという事です。

・ゆっくり生きるように、患者さんに接することで患者さんをよく看ることになり、見えないものや誰も気づかないことが見えたりする。

テーマについての知識や体験談・**現状の問題点**

・現代社会は皆、忙しい。医療人も多忙だ。

・情報技術の発達により、電子カルテの医療人相互の共有化が可能になった。

・コミュニケーションの充実

考察・背景（原因・理由） ＋ **問題点**

・電子カルテの共有化のため起きた問題。

・医師と患者さんのコミュニケーションはその場限りとなる、ここにこそ看護師の役割がある。

対策・意見 ・ **解決策**

・看護師の「看」の字→手の目の持つ意味

・看護師の原点

2011年（平成23年）度　北里大学看護学部（選抜）

＜課題文型＞　「人間の器量」より宮本常一氏の話

（問い）著者の主張に対するあなたの考えを、800字以内で記述しなさい。

　著者の主張は、ゆっくり生きるのは生きるなりの知恵がいるという事である。なぜなら、誰もが急いでいる時代に競争している人には見つけることができない事象を発見し、見て考えることができるからである。また、そうした生き方を通して宮本常一氏が書いた『忘れられた日本人』は、夏目漱石の『こころ』と並ぶ人気を誇ったと著者は評している。

（著者の主張＋理由）
（ゆっくり生きるのは、生きるなりの知恵がいる）
（著者の主張＋理由）
（急いでいる時代に競争している人には）
（見つけることができない事象を発見し、見て考えることができるから）

　この著者の主張に対して、私は学ぶべきことが多いと考える。なぜなら、宮本氏がゆっくり歩き、人と出会い、丁寧にものを考え様々なことを発見したように、医療という多忙な現場に身を置く看護師にとって、患者さんとの接し方において、ゆっくり生きるように接することこそ、患者さんをよく看ることになるのである。

（つなぎの段落）
持論につなぐための自分の考え方
（ゆっくり歩き丁寧に物を考える）
（患者さんとの話し方「ゆっくり」＝「よく看る」）

　話を転じて、現代は情報技術の発達により医療人相互の電子カルテの共有化が可能となった。その結果、医療人と患者さんとのコミュニケーションを充実させることができるようになった。しかし、現実には診療情報の電子化、即ち電子カルテによって同一の医師にかからなくても診療行為の統一性は保たれるが、反面、医師と患者さんのコミュニケーションはその場限りのものとなり、

持論1　前半
持論1　後半
（電子カルテの共有化）
（時間のロスを防ぎコミュニケーションを充実させる）
（コミュニケーションはその場限りのもの・信頼関係の絆はむしろ弱くなった）

信頼関係の絆はむしろ弱くなってしまった。ここにこそ、看護師の役割があると考えられる。

（ここにこそ、看護の役割がある）

自分の考え方

即ち、著者の主張であるゆっくり生きるにはそれなりの知恵がいるように、医療人、特に看護師が患者さんに接する時には、まず患者さんの目と顔の表情を自分の目でよく見ることが大切である。また、必要に応じては患者さんの背中などを手でさすることで手当てをして安心感などを与えていく。このようにゆっくり接することで、患者さんに寄り添うことになると考える。これが看護の原点だ。

持論2

"看"は「目」と「手」

目⇒患者さんの目と顔の表情をよく見る

手⇒手でさすって手当をして安心感を与える

結論も持論でまとめる

桃栗三年柿八年というように、果実になるまでには創意工夫と熟成するまでの時間が必要である。ゆっくり生きることで、人間に対する理解と生き方を深める決意である。

自分の考え方

（ゆっくり生きることで、人間に対する理解と生き方を深める）

（結び）持論3

著者の主張

※出題者（大学側）のネライ、意図、目的は何か？

（答）→「ゆっくり生きるのは生きるなりの知恵がいる」

↓

医療の現場にあてはめると、何のことか？

（答）→つなぎの段落、持論１、持論２、持論３

※レベルの高い四大の看護小論文の出題傾向は何か？

（答）→① 看護論・医療論・福祉論として論述する問題。

② 人間観・社会観として論述する問題。

③ 科学と文明として論述する問題。

④ 高齢化社会論として論述する問題。

2011年（平成23年）度　北里大学看護学部（選抜）
＜課題文型＞　「人間の器量」より宮本常一氏の話

(問い）著者の主張に対するあなたの考えを、800字以内で記述しなさい。

（著者の主張＋理由）

著者の主張は、ゆっくり生きるのは生きるなりの知恵がいるという事である。なぜなら、誰もが急いでいる時代に競争している人には見つけることができない事象を発見し、見て考えることができるからである。また、そうした生き方を通して宮本常一氏が書いた『忘れられた日本人』は、夏目漱石の『こころ』と並ぶ人気を誇ったと著者は評している。

（つなぎの段落）

この著者の主張に対して、私は学ぶべきことが多いと考える。なぜなら、宮本氏がゆっ（

）

持論1

話を転じて、現代は情報技術の発達により医療人相互の電子カルテの共有化が可能となった。その結果、医療人と患者さんとのコミュニケーションを充実させることができるようになった。しかし、現実には診療情報の電子化、即ち（

）ここにこそ、看護師の役割があると考えられる。

持論2

即ち、著者の主張であるゆっくり生きるにはそれなりの知恵がいるように、医療人、特に看護師が患者さんに接する時には、まず患（　　　　　　　　　　　　　　　　　　　　　　　　）者さんの背中などを手でさすることで手当てをして安心感などを与えていく。このように（　　　　　　　　　　　　　　　　　　　　　　　　　　　　　　　　　　　）

持論2

（　　　　　　　　　　　　　　　　　　　　　　　　　　　　　　　　　　　）

（結び）持論3

C　2021年（令和3年）度　都立看護専門学校　社会人入試　小論文課題

＊課題文は「自分を活かすコミュニケーション力」荒木晶子、藤木美奈子著　実業出版株式会社

問　著者が伝えたいことを240字程度に要約した上で、「コミュニケーションのあり方」について、経験を踏まえたあなたの考えを、要約を含めて1,200字程度で述べなさい。

関根による分析の視点→

一般的なコミュニケーション、ここでは 空気を読む
患者さんの気持ちに寄り添い想像力を働かせて理解しよう
医療論・人間観

❸令和3年度　都立看護専門学校　社会人入学試験　小論文課題

次の文章を読んで、設問に答えなさい。

日本の社会では、新入社員は、どのように仕事を覚えていくでしょうか。どうやって仕事の情報収集をしているのでしょう。彼らは、まず「見る」こと、「観察する」ことから始めます。まわりの上司や先輩の仕事ぶりを「見」ながら、「見よう、見まね」で仕事を覚えていきます。上司や先輩から、言葉での細かい説明や指示を期待するのではなく、自分の「目」で見て、仕事を覚えていくのです。まわりの人たちも、当然のことのように「見ればわかる」と思っているので、くわしい説明をしようとはしません。

こうして、まわりの人々の仕事のやり方を観察し、人々の顔の表情、視線、しぐさ、雰囲気などを通して、言葉でたずねることなく、「空気を読む」ことで情報収集を行うのです。このように、人間関係そのものである「コンテクスト（文脈・意味背景）」に意味を見いだそうとする情報収集が行われているのです。「よく見れば、わかる、言われなくてもわかるはず」という無言のコミュニケーションが優先される文化なのです。

しかし、この「空気を読む」という情報収集のしかたは、「言葉」での情報収集よりもはるかに高度でむずかしいコミュニケーションの方法です。言葉がないのに、他人の意図を理解しなければならないのですから、空気が読める能力は、短時間ですぐに身につくものではありません。自分の属する人間関係の中で、長い時間をかけた訓練と学習と経験を通して、初めて身につけることのできる能力なのです。

高文脈文化は、このように強い人間関係の中に多くの情報が張り巡らされ、言わなくてもわかる、空気が読める「感性のコミュニケーション」が成り立つ文化です。世界の中でも、日本は、空気を読むことができる。あまり例をみない独特のコミュニケーション・スタイルをもった高文脈文化の国なのです。

日本のことわざの中にも、日本の高文脈文化を証明するものがたくさんあります。「以心伝心」「口は災いのもと」「目は口ほどにものを言う」「出る杭は打たれる」「能ある鷹は爪を隠す」「沈黙は金」「言わぬが花」「一を聞いて、十を知れ」などのように、言葉で話すよりも、相手の気持ちを推測し、空気を読むことのできる感性のコミュニケーションが激励されているのです。

出典:荒木晶子、藤本美奈子著（2020）「自分を活かすコミュニケーション力」実教出版株式会社

（設問）

著者が伝えたいことを240字程度に要約した上で、「コミュニケーションのあり方」について、経験を踏まえたあなたの考えを、要約を含めて1,200字程度で述べなさい。

令和３年度　都立看護専門学校　社会人入学試験　「コミュニケーションのあり方」

著者の主張 ＋ **理由** ＋ **つなぎの言葉（持論を展開するため）**

著者は、日本の会社の新入社員は言葉で話すことよりも、相手の気持ちを推測し、空気を読むことのできる感性のコミュニケーション力の重要性を述べている。なぜなら、日本は空気を読むことができる独特のコミュニケーション・スタイルをもった高文脈文化の国だからである。この著者の考え方に私は賛成である。確かに、空気が読める能力は、短時間ですぐ身につくものではない。しかし、高文脈文化は、強い人間関係の中に多くの情報が張り巡らされ、空気が読める文化であるとある。以上を通して、「コミュニケーションのあり方」について私の考えを以下に述べたい（述べる）。

※ 270字

※以下の文章展開のポイント

人間関係

コミュニケーション

↓

・一般的なコミュニケーション
　ここでは空気を読む

・医療の現場では、患者さんの気持ちを想像力を働かせて理解しようとする
　「空気を読む」に類似している

⑪　2020年度　防衛医科大学校看護　小論文

（90分）

次の文章を読み、設問に答えなさい。

「実相が見える」

素直な心は、物事のありのままの姿、実相というものを見ることのできる心であるともいえると思います。というのは、素直な心になったならば、心の中に物事の実相をおおいかくすというか、これをくもらせるようなものがなくなると思われるからです。

美しく磨きあげられた無色透明なガラスをとおせば、物がそのありのままに見えます。それと同じように、素直な心になったならば、物事の本当の姿というか、実相がはっきりと見えるようになるのではないかと思います。だから実相に基づいて物事を考え、判断することも、しだいにできやすくなってくると思うのです。

もしもこれが、無色透明でなく色のついたガラスであったならばどうでしょうか。色ガラスをとおして見れば、向こうにある物の本当の色が正確にはわからなくなります。仮にガラスの色が青色であるとすれば、向こうにある白い物は白くは見えず、青みがかって見えるでしょう。つまりこれでは、本当のありのままの姿というものがわからなくなります。あるいはまた、そのガラスがゆがんだガラスであれば、向こうにある物もゆがんで見えるわけです。けれども素直な心になって物事を見た場合には、無色透明で正常なガラスをとおして見るように、何の色もつかず、そのありのままが見えるというわけです。

ところが、お互いは日常、ややもすると、いろいろな色ガラスやゆがんだガラスをとおして向こうを見ているような面があるのではないでしょうか。たとえば、自分なりの知識、学問という色ガラス、自分の欲望なり利害得失という色ガラス、一つの主義、思想という色ガラス、というようなさまざまな色のガラスやゆがんだガラスをとおして物事を見、考えている場合が非常に多いのではないかと思います。それはお互い人間としてやむを得ない面もありましょうが、しかしそういった自分なりの意見とか感情にとらわれてしまっては、本当の色、ありのままの形というものはやはり見えないと思います。たとえ自分では正しく見ているつもりであっても、実は色ガラスの色をとおして物事を見ていた、ということにもなりかねないでしょう。

たとえば、われわれはお互い日本人自身をどのように見ているのでしょうか。色のつかないガラスをとおして見ているのでしょうか。それとも色のついたガラスをとおして見ているのでしょうか。もしも色のついたガラスをとおして見ていたならば、日本人みずからが日本人を正しく見ていない、そのありのままの姿を見ていない、ということにもなってしまうでしょう。

今日のわが国においては、政治をはじめとして社会の各分野の活動において、またお互いの日々の生活の各面において、いろいろとあやまちやゆきちがいが生まれてきています。そしてそれらがお互いの悩みや苦しみ、対立や争いをいっそう深めている面さえあるように思われます。こういう面があるということも、一つには、お互いが素直な心ならざる色ガラスをとおして見、それにとらわれて判断を下し行動している、というような姿が少なくないからではないでしょうか。

（松下幸之助著「素直な心になるために」PHP 文庫、2004 年）

設問　筆者が述べている「素直な心」を簡単に要約した後、「素直な心」が大切な理由は何か、あなたの考えを 800 字以内で述べなさい。

⑪　防衛医科大・看護学科　小論文問題 2020 年（令和２年）度「実相が見える」課題文型

松下幸之助著「素直な心になるために」PHP 文庫　2004 年
問　筆者が述べている「素直な心」を簡単に要約した後、「素直な心」が大切な理由は何か、あなたの考えを 800 字以内で述べなさい。

関根による分析の視点→

素直な心は、物事のありのままの姿、実相を見る心

人間─**私利私欲にとらわれない心**

社会─**善悪・正邪・表裏に偏らない心**など・**医療論**

人間観・社会観

▶事前・事後学習のための小論文過去問題Ａ・Ｂ・Ｃ

構想メモ（文章展開設計図）

つなぎの段落〈筆者の主張と要約〉

・素直な心は、物事のありのままの姿、実相というものを見ることのできる心である。

（理由）心の中に物事の実相をおおいかくすというか……

・素直な心になったら、物事の本当の姿というか……

（その結果）実相に基づいて、物事を考え、判断することも……

考察１※では、「素直な心」が大切な理由は何かについて

私は〜対人間

対社会

そして、対自分自身という視点から述べてみたい。

・まず、人間についてである。人間は素直な心で生きることが第一であると誰もが思っている。しかし、……

（理由）誰でもよくなりたい、よく見せたいと思っているからだ。そして、その延長線上に……。従って、私利私欲にとらわれない心こそ、……素直な心を持てば、広い視野から……

考察２

・次に社会である。社会に対しても善悪……

・更に、自分自身についてだ。まさに自分自身の本来の姿こそ……

考察３

・現代社会は複雑だ。医療の現場においては患者さんの……

2020 年度　防衛医科大学校看護　「筆者が述べている「素直な心」を簡単に要約した後、「素直な心」が大切な理由は何か、あなたの考えを 800 字以内で述べなさい。」

素直な心は、物事のありのままの姿、実相というものを見ることのできる心であると筆者は述べている。なぜなら、心の中に物事の実相をおおいかくすというか、くもらせるようなものがなくなるから。また、素直な心になったら、物事の本当の姿、実相がはっきりと見えるようになるという。更に、素直な心になってみると、無色透明で正常なガラスをとおして見るように、何の色もつかず、そのありのままが見えるという。では、素直な心が大切な理由は何かについて、私は人間、社会、自分自身という視点から以下のように述べることにする。

筆者の主張＋理由①＋理由②＋理由③

「素直な心」が大切な理由は何か（「問」に対する論述のしかた）

①人間観

まず、人間についてである。人間は素直な心で生きることが第一であると誰もが思っている。しかし、思うようにいかないところが現実でもある。誰でもよくなりたい、よく見せたいという欲求がある。そして、その延長線上に地位、名誉、肩書き、学歴などを求めるものだ。また、それを求めるあまり迷い、苦しむ。従って、そのような欲である私利私欲にとらわれない心こそ、素直な心なのである。素直な心を持てば、広い視野から物事を見、とらわれないものの見方ができるのだ。次に社会である。社会に対しても善悪、正邪、表裏があっても、素直な心があれば偏らない、こだわらないで物事を見ることができるだろう。社会といっても人間の集合体だ。であるから社会の本質は人間の本質でもあると考える。更に、

持論①（＝人間について）「問」に対する自分の考え

持論①私利私欲にとらわれない心

②社会観

持論②（＝社会に対して）

③自分自身について

自分自身についてだ。まさに自分自身の本来の姿こそ、人間の本質であり、社会の本質をとらえる出発点である。よって、まずは自分はどうなのかを肝に銘じていきたい。

持論③（＝自分自身について）

④医療論

現代社会は複雑だ。医療の現場においては患者さんの生き方や取り巻く環境といったものに目を向ける機会に出会うわけではない。それでも実際に目の前にいる患者さんは様々な人生を送ってきた人々である。人間に対する理解の視野の広さと深さを学ぶためにも、素直な心で奥義を極めていきたい。

持論④（医療の現場＝人間に対する理解）

「素直な心」で奥義を

※出題者（大学側）のネライ、意図、目的は何か？

「素直な心」「物事のありのままの姿、実相を見ることのできる心」

（答）→人間観、社会観など、人間の本質について

※看護小論文の出題傾向に出てきたものは何？

（他に、あるとすれば？）

※「素直な心」を考え方の出発点とした場合、どんな視点で何を書くかがわかるか？

① 人間は……　　重要！！！①考えるための分析の視点と

② 社会は……　　②どんな内容をどう書くか（持論）

③自分自身については……

2020年度　防衛医科大学校看護　「筆者が述べている「素直な心」を簡単に要約した後、「素直な心」が大切な理由は何か、あなたの考えを800字以内で述べなさい。」

素直な心は、物事の（　　　　　　）の姿、（　　）というものを見ることのできる心であると筆者は述べている。なぜなら、心の中に物事の実相をおおいかくすというか、くもらせるようなものがなくなるから。また、（　　　）心になったら、物事の（　　）姿、（　　）がはっきりと見えるようになるという。更に、素直な心になってみると、無色透明で正常なガラスをとおして見るように、何の色もつかず、そのありのままが見えるという。

筆者の主張＋理由①＋理由②＋理由③

では、素直な心が大切な理由は何かについて、私は人間、社会、自分自身という視点から以下のように述べることにする。

「素直な心」が大切な理由は何か（「問」に対する論述のしかた）

まず、人間についてである。人間は素直な心で生きることが第一であると誰もが思っている。しかし、思うようにいかないところが現実でもある。誰でもよくなりたい、よく見せたいという（　　）がある。そして、その延長線上に地位、名誉、（　　）き、（　　）などを求めるものだ。また、それを求めるあまり迷い、苦しむ。従って、そのような欲である私（　）私（　）にとらわれない心こそ、素直な心なのである。素直な心を持てば、広い視野から物事を見、（　　　　）ないものの見方ができるのだ。

持論①（＝人間について）「問」に対する自分の考え

持論①私利私欲にとらわれない心

次に社会である。社会に対しても善悪、（　　）、表裏があっても、素直な心があれば（　　）ない、こだわらないで物事を見ることができるだろう。社会といっても人間の（　　　）だ。であるから社会の本質は人間の（　　）でもあると考える。

持論②（＝社会に対して）

更に、自分自身についてだ。まさに自分自身の本来の姿こそ、人間の本質であり、社会の本質をとらえる（　　）点である。よって、まずは自分はどうなのかを肝に銘じていきたい。

持論③（＝自分自身について）

現代社会は複雑だ。医療の現場においては患者さんの生き方や取り巻く環境といったものに目を向ける機会に出会うわけではない。それでも実際に目の前にいる患者さんは様々な人生を送ってきた人々である。人間に対する理解の（　　）の広さと深さを学ぶためにも、素直な心で（　　）を極めていきたい。

持論④（医療の現場＝人間に対する理解）

「素直な心」で奥義を

▶事前・事後学習のための小論文過去問題A・B・C

❹ A 平成28年度　都立看護専門学校　推薦入学試験　小論文課題

次の文章は、「推敲（すいこう）」という見出しで書かれたものの一部です。これを読んで、設問に答えなさい。

この言葉は唐の賈島（かとう）という詩人の故事からできた言葉です。彼が詩の言葉に迷ってぼんやりしていて、偉い役人でもあった韓愈（かんゆ）という詩人の行列にうっかりぶち当たってしまったのです。無礼者め、となるところですが、賈島が「僧は推（お）す月下の門」とするか「僧は敲（たた）く月下の門」とするのかで迷っていたと言い、意見を聞きました。韓愈は「敲く」がいいとアドバイスしたそうです。この故事から、文章を直すことを「推敲」と言います。内容的に考えて、確かに「月の下で、僧が門をたたく」という方が聴覚の表現もあっていいようにも思います。

このように本来の「推敲」とは、単なる書き間違いを直すものではなく、どの表現がいいかを考えることです。この場合は漢詩ですから、内容だけではなく、音の並びのことや言葉の伝統的な使い方に合うかどうかなど、様々なことを考えなければならなかったはずです。単に不注意を直すだけではないのです。

もう一つ、この故事は、書いたものを読んでもらったり、書きたいことについて意見を聞くことで、よりよい文章になるということも表しています。どちらの表現がよいのか、自分はその文章をどう読むのか、といったことをお互いに交流することで、「書く」立場だけでなく、「読まれる」立場になります。これはとても大切なことです。また、折に触れて、相手の文章を「読む」立場になれば、違った視点から考えることができます。こうして自分なりの表現を工夫し、書くことに対する反省的なものの見方ができるようになっていけば、表現はさらに豊かに深まっていきます。

書いたらそれで終わり、ということではなくて、ぜひ見直しをしましょう。そして、できればほかの人にも読んでもらいましょう。自分一人で書く場合でも、書いたあと、一度時間をおいてから読み直すと、意外な場所がわかりにくいことに気づいたり、もっとよい表現を思いついたりすることがあるものです。足りないところに思い当たることもよくあります。

出典：森山卓郎著「日本語の〈書き〉方」 岩波ジュニア新書 2013年

（設問）

この文章の内容を要約した上で、「推敲」について、あなたの考えを800字程度で述べなさい。

A　2016年（平成28年）度　都立看護専門学校　推薦入試　小論文課題

森山卓郎著「日本語の〈書き〉方」岩波ジュニア新書　2013年

設問　この文章の内容を要約した上で、**「推敲」について、あなたの考え**を800字程度で述べなさい。

関根による分析の視点→

「書く」立場だけでなく、「読まれる」立場・　視点を変える

文章作成力の最高の上達方法・**道を極める**・すべてに通じる

人間観

構想メモ（文章展開設計図）

平成28年度　都立看護専門学校

課題文型小論文

出典：森山卓郎著「日本語の〈書き〉方」 岩波ジュニア新書 2013年

著者の主張＋**理由**・**出題者のネライ**

①、②とも定義づけ＝内容説明

・「推敲」とは、

①　単なる書き間違いを直すものではなく、どの表現がいいかを考えること

（②は理由として、今回の小論では用いた。）

②　書いたものを読んでもらったり、書きたいことについて意見を

聞くことでよりよい文章になるから

つなぎの段落

※書き出しは→この考え方に対して私は賛成である。

・「書く」立場だけでなく、「読まれる」立場

↓

・違った視点から考えることができ…（中略）…書くことに対する反省的なものの見方ができ、表現はさらに豊かに深まる

考察1

・「推敲」の考え方は、文章作成力の最高の上達方法

考察2

・文章の完成度の高さを求めることは～

考察3

・一つの道を極めた人は、すべての道に通じる～

結び

・最後に、現代社会は複雑だ。医療の現場で～

平成 28 年度　都立看護専門学校　「推敲について」

（著者の主張＋理由）

「推敲」という言葉は、唐の賈島という詩人の故事からできた言葉である。故事の要点は、単なる書き間違いを直すものではなく、どの表現がいいかを考えることである。なぜなら、書いたものを読んでもらったり、書きたいことについて意見を聞くことで、よりよい文章になるからである。

（つなぎの段落）

この考え方に対して私は賛成である。確かに「書く」立場だけでなく、「読まれる」立場になると、違った視点から考えることができ、書くことに対する反省的なものの見方ができ、表現はさらに豊かに深まっていくとの課題文の考え方は説得力があると言えるだろう（私は賛同する思いである）。

（考察（持論）1）

この「推敲」の考え方は、文章作成力の最高の上達方法であると私は考える。やはり、いい表現、いい文章にするために何度も練り直す方法は、さらに完成度の高いものが出来上がることになるだろう。まさに、よい文章の条件は、読んでよし、聞いてよし、文章を見てもよしという考え方がある所以であろう。

（考察（持論）2）

さらに、文章の完成度の高さを求めることは、あたかも、人間が高次元の生き方を求めるようなものであると私は考える。名言（ことわざに）にも、「足元を固めよ」という言葉は、現実を直視し確かな自分を作れという意味であり、また、「鉄は熱いうちに打て」はタイミングが大事、鍛えることの重要性の意味がある。これらも、「推敲」の現状の中で練り直すことで完成度の高い文章を求めることに通じるものがある、と私は考える。

（考察（持論）3）

話を転じて、一つの道を極めた人は、すべての道に通じると言われている。学問・芸術も、スポーツも一芸を極めるためには、磨きに磨き、鍛えに鍛えて完成度の高いものを求めてやま

。「推敲」と同様な考え方だ
ないものである。「推敲」と同様だ。

最後に、現代社会は複雑だ。医療の現場で出会う患者さんは、様々な人生行路を経てきた人たちだ。人間に対する幅広い視野と深さ、また、人生に対する深い考え方を学ぶことで高度な専
く決意である
門的知識と技術を磨いていきたい。

（結び（考察・持論4））

平成28年度　都立看護専門学校　「推敲について」

「推敲」という言葉は、唐の賈島という詩人の故事からできた言葉である。故事の要点（

）なぜなら、

（

（著者の主張＋理由）

）よりよい文章になるからである。この考え方に対して私は賛成である。確かに「(　　)」立場だけでなく、「(

)」立場になると、違った視点から考えることができ、書くことに対する（　　）的なものの見方ができ、表現はさらに（　）かに（　　　　）いくとの課題文の考え方は説得力が
私は賛同する思いである
あると言えるだろう。

（つなぎの段落）

この「推敲」の考え方は、（　　）作成力の最高の（　　）方法であると私は考える。やはり、いい表現、いい文章にするために何度も練り直す方法は、さらに完成度の高いものが出来上がることになるだろう。まさに、よい文章の条件は、（　　　）よし、（　　　）よし、文章を（　　）もよしという考え方がある所以であろう。

（考察（持論）1）

さらに、文章の（　　　　　　）を求めることは、あたかも、人間が（　　　　　　　）を求めるようなものであると私

（考察（持論）2）

は考える。名言にも（ことわざに）、「（　　）を固めよ」という言葉は、現実を直視し確かな自分を作れという意味であり、また、「（　）は（　）いうちに（　）て」は（　　　　　）が大事、（　）えることの重要性の意味がある。これらも、「推敲」の現状の中で練り直すことで完成度の高い文章を求めることに通じるものがある、と私は考える。

（考察（持論）2）

話を転じて、一つの道を（　　）た人は、すべての道に通じると言われている。学問・芸術も、スポーツも一芸を極めるためには、磨きに磨き、鍛えに鍛えて完成度の高いものを求めてやまないものである。「推敲」と同様だ（。「推敲」と同様な考え方だ）。

（考察（持論）3）

最後に、現代社会は複雑だ。医療の現場で出会う患者さんは、様々な（　　　　）を経てきた人たちだ。人間に対する幅広い視野と深さ、また、人生に対する深い考え方を学ぶことで高度な専門的（　　）と（　　）を磨いていきたい（く決意である）。

（結び（考察・持論4））

❺ B 平成31年度　都立看護専門学校　社会人入学試験　小論文課題

次の文章を読んで、設問に答えなさい。

「やりがい」というのは、変な言葉である。たとえば、食べがいがある、といえば、それは簡単には食べられないもの、ボリュームのあるものを示す。

「やりがい」に似た言葉で、手応え（てごた）え」というのもある。これも同じで、簡単にはできない、少し抵抗を感じるときに使う。

手応えのある仕事というのは、簡単に終わらない。ちょっとした苦労がある仕事のことである。同様に、やりがいのある仕事も、本来の意味は、やはり少々苦労が伴う仕事のことだ。

しかし、たとえば、自分が能力不足だったり、準備不足だったり、失敗をしてしまったり、計画が甘くて予定どおりに進まなかったり、そんなことで苦労を強いられるからといって、それで「やりがいのある仕事」になった、とは言わないだろう。

そう勘違いしている人もいる。最初は怠けておいて、〆切間際で徹夜をして、なんとかぎりぎり間に合わせる。そういうもので仕事の手応えを感じ、達成感や満足感を味わう、という人が実際にいるのだ。TV番組のヤラセのようなものである。

本当に素晴らしい仕事というのは、最初からコンスタントに作業を進め、余裕を持って終わる、そういう「手応えのない」手順で完成されるものである。この方が仕上がりが良い、綺麗（きれい）な仕事になる。

ただ、こういう仕事ができるようになるためには、沢山の失敗をして、自分の知識なり技なりを蓄積し、誠実に精確に物事を進める姿勢を維持しなければならない。さらに、時間に余裕があるときには、勉強をして、新しいものを取り入れ、これはなにかに活かせないか、ここはもう少し改善できないか、と常に自分の仕事を洗練させようとしていなければならない。この自己鍛錬にこそ、手応えがあり、やりがいがあるのだ。

出典：森博嗣著（2013）『「やりがいのある仕事」という幻想』　株式会社朝日新聞出版

（設問）

著者が伝えたいことを簡潔に要約した上で、あなたにとっての「やりがいのある仕事」について、自身の経験を踏まえて1,200字程度で述べなさい。

平成31年度　都立看護専門学校　「やりがいのある仕事」

著者の主張 ＋ **理由** ＋ **つなぎの言葉（持論を展開するため）**

著者は、「やりがい」とは「手応え」に似た言葉で、簡単にはできない、少し抵抗を感じるときに使うと述べている。なぜなら、やりがいのある仕事も、少々苦労が伴う仕事のことだからであると言う。この著者の考えに私は賛成である。それは（なぜなら）、何事も努力や苦労というものなくして、栄光というやりがいはないからである。以上を通して、「やりがいのある仕事」について、私自身の経験を踏まえたうえで、考えを述べることにする。

※以下の文章展開のポイント

（仕事に対する　生き方に対する）⇒心がまえ

C 2016年（平成28年）度　慶應義塾大学　看護医療学部　小論文

宇沢弘文著『経済学と人間の心』

問題1　「物事の**本質を見抜く観察の目**」とはどのようなことを指していると考えられるか。本文の内容を参考に、100字以内で述べなさい。

問題2　「福沢諭吉のもっていた**リベラリズムの思想**」とはどのようなことか。本文の内容を参考に説明し、それに対するあなたの考えを加えて600字以内で述べなさい。

関根による分析の視点→

- **人間は社会的立場が高い、低いで見るのではなく、対等で平等に交流すべきだ**
- ヒポクラテスは**生命は平等だ**と説いた
- 医療には**トリアージという識別法**がある・医療論
- 人間観・社会観

❻ 2016年度　慶應義塾大学看護医療学部　小論文

（70分）

（注意）解答はよこ書きで記入してください。

次の文章は、宇沢弘文著『経済学と人間の心』からの抜粋です。文章を読んで、以下の設問に答えなさい。

問題1　下線部①「物事の本質を見抜く観察の目」とはどのような

ことを指していると考えられるか。本文の内容を参考に、100字以内で述べなさい。

問題２　下線部②「福沢諭吉のもっていたリベラリズムの思想」とはどのようなことか。本文の内容を参考に説明し、それに対するあなたの考えを加えて600字以内で述べなさい。

社交的な飲み物

　福沢諭吉はいうまでもなく、明治の日本の生んだもっとも偉大な教育者の一人である。諭吉は、数多くのすぐれた業績、著作を残しているが、同時に、かれ自身の生き方自体を通じて、大学教育のあり方について、貴重な規範を与えている。

　もうずっと昔のことになるが、福沢諭吉の日記を読んでいて、次のようなエントリーに出会った。諭吉が咸臨丸でアメリカに行く前のことである。

　今日の午後、横浜の外国人居留地に行って、生まれて初めて麦酒（ビール）と称するものを飲んだ。外国人はビールを飲みながら、活発に議論している。まさに談論風発という感じであった。ビールといのは極めて「社交的な飲み物」だ。それに比べると、日本酒は一人さびしく飲む物である。

　私はこのエントリーを読んで、諭吉のするどい、①物事の本質を見抜く観察の目に改めてつよく印象づけられたことを記憶している。ちなみに、麦酒と書いて、ビールと読ませるのは、諭吉が最初だったのではなかろうか。

諭吉の酒好きは、子どもの頃から有名だった。とくに、二十代の前半、大阪の適塾で、緒方洪庵の下で学んでいた頃、諭吉の酒好きのエピソードがいくつか伝わっている。諭吉が禁酒の宣言をしたところ、だれもまともに受け取らなかった。禁酒が容易になるといわれて煙草を始めたところ、結局一生酒と煙草を両方とも止められなくなってしまったと、諭吉は『福翁自伝』のなかで嘆いている。諭吉はまた、自分は何の欠点もないと思うが、酒を飲むことだけが欠点だと、これも『福翁自伝』のなかで述べている。しかし、諭吉にとって酒を飲むというのは、彼のもっていたリベラリズムの思想と切り離せないものだったのではなかったかという気もする。

②<u>福沢諭吉のもっていたリベラリズムの思想</u>を象徴する有名なエピソードがある。諭吉が咸臨丸に乗って、初めてアメリカに渡ったときのことである。じつは、諭吉はアメリカに行きたいという希望をつよくもっていたが、何のつてもなかった。そこで、幕府からアメリカに送られる使節団の正使木村摂津守の召使いに雇われて、咸臨丸に乗り込むことに成功したのである。ところが、諭吉は咸臨丸のなかの階級制のきびしさに驚き、かつ憤慨する。一般に船のなかは階級制がきびしいところであるが、使節団のなかにあった当時の日本の社会の階級制と相乗効果をともなって、咸臨丸のなかの階級制がひどいものであったとは想像に余りある。諭吉は船のなかで、二人の最下級の若い水夫と親しくなった。そして、かれらの食事があまりにもまずしく、その居住条件があまりにも悪いことを知って、同情するとともに、大いに憤慨する。そのうちの一人がとうとう栄養失調と過労から病気になってしまった。諭吉が酔っ払って、このことで正使木村摂津守と大喧嘩して、馘首[註)]になりそうになったりしたエピソードが残っている。「天は人の上に人をつくらず、人

の下に人をつくらず」という言葉は、諭吉が若い時から、常に心に留めていた言葉である。

咸臨丸がサンフランシスコに着いたとき、その若い水夫が亡くなってしまった。そこで、諭吉は一人で異郷のサンフランシスコに留まって、亡くなった若い水夫のお墓を設計し、その完成を見届けてから、使節団の一行の後を追った。それから何年かして、諭吉はふたたびアメリカに派遣された使節団に加わった。そのときは、かなりえらくなっていて自由がきく身だったので、使節団の一行から離れて一人だけサンフランシスコに寄り、亡くなった若い水夫のお墓にお参りしたという。私は、この、諭吉のエピソードを聞くたびに、アダム・スミスの『道徳感情論』を思いおこし、経済学の原点をみる思いがする。

宇沢弘文著『経済学と人間の心』（東洋経済新報社，2003），243～246頁より抜粋

註）馘首　かくしゅ

雇い主が使用人をやめさせること。解雇。

2016年度　慶應義塾大学看護医療学部

問題1　「物事の本質を見抜く観察の目」とはどのようなことを指していると考えられるか。本文の内容を参考に、100字以内で述べなさい。

〈一般的な書き方の答案の文例〉

議論ができる条件とは、お互いに立場を越え対等に言いあえ、尊重する姿勢があることが重要な条件であろう。よって、その条件の背景に一般市民にリベラリズムが定着しているのを見抜いていたことを指すと考えられる。

問題2　「福沢諭吉のもっていたリベラリズムの思想」とはどのようなことか。本文の内容を参考に説明し、それに対するあなたの考えを加えて600字以内で述べなさい。

〈一般的な書き方の答案の文例〉

福沢諭吉のリベラリズムとは、社会的な立場や身分の一番低い人々とも対等で平等に交流することができると考えられる。だからこそ、諭吉は船のなかで二人の最下級の若い水夫と親しくなり、彼らが栄養失調と過労から病気になり亡くなった時も、お墓を設計している。後にアメリカに派遣された時もその水夫のお墓参りをしたという。この一連の行動こそ、……福沢諭吉のリベラリズムの証しである、と私は考える。

即ち、福沢諭吉のリベラリズム、自由主義とは、人間は自由・平等であり、社会的立場が高いから優先されるとか、また反対に低いので後回しになるということは全く関係ないのである。この考え方に対して、私は大賛成である。なぜなら、この考え方こそ本来の人間の姿である。また医療に携わる人として最も重視すべき考えである。それは、生命の前では皆平等であるからだ。

ところで
話を転じて、医療の現場も同様である。古くは人類最初の医師、ヒポクラテスは生命は平等であることを説いている、また、2011年の東日本大震災でも、運ばれてきた
多数の負傷者を症状に応じて治療の優先順位
病人を命に瀕している人からという順、いわゆるトリアージの識別
負傷者の命
票を用いて行っていた。更には、医療資源の分配の基準も命に瀕している人からという優先順位がある。これらも人間は皆、平等という考えがあるからだ。
根底にある

最後に、リベラリズムという考え方は、人間の本質、社会の本
普遍的な生き方を持った医療人として
質、医療人の本質を見る目として生き続けると私は考える。
日本でそして国際社会で人々の手助けをしていきたい
（次第である。）

2016年度　慶應義塾大学看護医療学部

問題１　「物事の本質を見抜く観察の目」とはどのようなことを指していると考えられるか。本文の内容を参考に、100字以内で述べなさい。

※創立者＝福沢諭吉の思想（考え方・生き方）を受験生自身の考え方・生き方として書いた例

物事の本質を見抜く観察の目とは、議論ができるのは市民にリベラリズムが定着していたからであると見抜いた目のことを指す。

この本質を捉えた考えが自他の人格と名誉を大切にする独立自尊の理念となると私は考える。

> 問題２　「福沢諭吉のもっていたリベラリズムの思想」とはどのようなことか。本文の内容を参考に説明し、それに対するあなたの考えを加えて600字以内で述べなさい。

※創立者＝福沢諭吉の思想（考え方・生き方）を受験生自身の考え方・生き方として書いた例

福沢諭吉のリベラリズムとは、社会的な立場や身分の一番低い人々とも対等で平等に交流することができると考えられる。だからこそ、諭吉は船のなかで二人の最下級の若い水夫と親しくなり、彼らが栄養失調と過労から病気になり亡くなった時も、お墓を設計している。後にアメリカに派遣された時もその水夫のお墓参りをしたという。この一連の行動こそ、……福沢諭吉のリベラリズムの証しである、と私は考える。

即ち、福沢諭吉のリベラリズムとは、自他の人格と名誉を大切にしてはじめて人に自由と権利が与えられるのだ、という考え方である。従って一人の人間が何にも束縛されず､身体的にも精神的にも､更には社会的にも独立し自由に生きることができるのである。自分で判断し自分の責任のもとに行うこと､これがリベラリズムであり､独立自尊でもある。

話を転じて（ところで）、医療の現場も同様である。古くは人類最初の医師、ヒポクラテスは生命は平等であること（の尊厳について）を説いて

いる、また、2011 年の東日本大震災でも、運ばれてきた
多数の負傷者を症状に応じて治療の優先順位
病人を命に瀕している人からという順、いわゆるトリアージの識別
負傷者の命
票を用いて行っていた。更には、医療資源の分配の基準も命に瀕し
ている人からという優先順位がある。これらも人間は皆、平等とい
根底にある
う考えがあるからだ。

普遍的な生き方を持った医療人として
最後に、リベラリズムという考え方は、人間の本質、社会の本
日本でそして国際社会で人々の手助けをしていきたい
質、医療人の本質を見る目として生き続けると私は考える。
（次第である。）

2016 年度　慶應義塾大学看護医療学部

> 問題１　「物事の本質を見抜く観察の目」とはどのようなことを指していると考えられるか。本文の内容を参考に、100 字以以内で述べなさい。

※創立者＝福沢諭吉の思想（考え方・生き方）を受験生自身の考え方・生き方として書いた例

物事の本質を見抜く観察の目とは、（　　）ができるのは市民にリベラリズムが（　　）していたからであると見抜いた目のことを指す。この本質を捉えた考えが自他の（　　）と（　　）を大切にする（　　）自尊の理念となると私は考える。

> 問題２　「福沢諭吉のもっていたリベラリズムの思想」とはどのようなことか。本文の内容を参考に説明し、それに対するあなたの考えを加えて 600 字以内で述べなさい。

※創立者＝福沢諭吉の思想（考え方・生き方）を受験生自身の考え方・生き方として書いた例

福沢諭吉のリベラリズムとは、（　　）的な立場や（　　）の一番低い人々とも（　　）で平等に交流することができると考えられる。だからこそ、諭吉は船のなかで二人の（　　　）の若い水夫と親しくなり､彼らが栄養（　　）と（　　）から病気になり亡くなった時も、お墓を設計している。後にアメリカに派遣された時もその水夫のお墓参りをしたという。この一連の行動こそ、……福沢諭吉のリベラリズムの（　）しである、と私は考える。

即ち、福沢諭吉のリベラリズムとは、自他の（　　）と（　　）を大切にしてはじめて人に自由と権利が与えられるのだ、という考え方である。従って一人の人間が何にも（　　）されず、（　　）的にも（　　）的にも、更には（　　）的にも独立し自由に生きることができるのである。自分で（　　）し自分の（　　）のもとに行うこと、これがリベラリズムであり、（　　）自尊でもある。

話を転じて（ところで）、医療の現場も同様である。古くは人類最初の医師、（　　　　　）は生命は平等であること（の尊厳について）を説いている、また、2011年の東日本大震災でも、運ばれてきた病人を命に瀕している人からという順（多数の負傷者を症状に応じて治療の優先順位）、いわゆる（　　　　）の識別票（負傷者の命）を用いて行っていた。更には、医療（　　）の分配の基準も命に（　）している人からという優先順位がある。これらも人間は皆、平等という考えがあるから（根底にあるから）だ。

最後に、リベラリズムという考え方は（普遍的な生き方を持った医療人として）、人間の本質、社会の本質、医療人の本質を見る目として生き続ける（日本でそして国際社会で人々の手助けをしていきたい）と私は考える。（次第である。）

⑫　2019年度　防衛医科大学校看護　小論文

（90分）

次の文章を読み、設問に答えなさい。

「知ることと考えること」

最近の若者たちは、いわれたことはきちんとこなすが、自分からは何をしていいのか、十分な状況判断ができない。「マニュアル族」「指示待ち族」だ、などと悪口をいわれることがあります。学生たちを見ていても、与えられた課題についてはまじめに勉強するのですが、自分から問題を立ててそれを解くということは、あまり得意ではないようです。

毎年、卒業論文のテーマを決める時期になると、適当なテーマを見つけられずに、頭を抱える学生が出てきます。関心を持つ領域やテーマをおぼろげながら見つけても、それを的確な「問い」のかたちで表現できない学生もいます。いったん問題を与えられれば答え探しは得意なのですが、自分で問題を探して解くとなると、それまでの教育や受験で培（つちか）った能力だけでは太刀打ちできないのでしょう。

しかも、気がかりなのは、問題が与えられた場合にも、学生たちは、どこかに正解がある、と思っているふしがあることです。学生たちと議論をしていても、性急に答えを探したがる場面が少なくありません。素直さ、まじめさの裏返しなのかもしれません。じっくり考えるより、簡単にどこかに答えがあると思ってしまうのです。

かつて非常勤講師をしていたある大学で学生にレポートを書かせ

たところ、教科書から該当する部分を抜き書きするだけ、せいぜいがその部分を適当に縮めてまとめただけということがありました。大学というところは、「考える力」をつける場所なのに、教師のいっていることや本に書かれたことから「正解」を探せばよいと思っているようなのです。

教師が教壇から話したことを、丹念にノートに取る。試験やレポートのときにはそのノートに書かれたことをほぼそのまま繰り返す。私の体験したアメリカの大学だったら、創造性（オリジナリティ、つまり、自分なりの考え）のまったくない解答としてそれだけで落第になってしまうようなことが、日本の大学ではまだ平気で行われています。答えを知ることと、考えることとの違いをはっきりさせないまま、正しい答えさえ知っていればそれでいいんだという、「正解信仰」が根強くあるからでしょう。受験勉強のしかたも、こうした正解探しの発想を強めているようです。

この正解探しの発想の裏返しが、「勉強不足症候群」とでも呼べるケースです。議論をしていてわからないことがあると、「よく勉強していないのでわかりません」と弁解する学生がいます。自分でわからないことにぶつかると、勉強不足・知識不足だと感じてしまうのです。

「十分な知識がないからわからない」「もっと本を読めば、わかるようになるだろう」。つまり、勉強量が足りないせいで、問題が解けないのだと思い込んでしまう学生たち。これは、私が接している東大生に特徴的なまじめな学生たちなのかもしれません。しかし、彼らのような受験エリートならずとも、自分で考える力のなさを知識不足や勉強不足のせいだと見てしまうケースは、案外多いでしょう。本当のところは、知識がまったくないというより、知識をうまく使いこなせないのですが。

ところが「知らないから、わからない」という勉強不足症候群の症状は、正解がどこかに書かれているのを見つければ、それでわかったことになるという正解信仰の裏返しです。そして、この正解信仰を突き詰めてしまうと、「唯一の正解」を求める、かたくなで原理主義的な態度にもつながってしまいます。

世界のことすべてを説明してくれる大正解がある。それを求める態度からは、ものごとには多様な側面があること、見る視点によって、その多様な側面が違って見えることは認めがたいでしょう。唯一の正解というひとつの視点からものごとをとらえようとするからです。そうした正解を求める態度は、複眼思考とは対極にある考えかたといってもよいでしょう。

そこまで極端でなくても、正しい答えがあると思い込み、その答えを見つけられれば人から認められると思ってしまう。そんな正解信仰が、自分の勉強不足・知識不足を反省ばかりしている「勉強不足症候群」の若者を生んでいるといえるのです。

考えるプロセスを経ていなくても、答えを見つければそれでいい。このような習性が身についてしまうと、今度は答えがなかなか見つからない類の問題に出会った場合に途中で息切れして、ステレオタイプの発想にとらわれてしまいます。

もちろん、知識はないより、あったほうがいいに決まっています。本も読んでいないよりは読んでいたほうがいい。あることがらを知っていることで、ステレオタイプの発想から逃れられるという例は、たくさんあるでしょう。けれども、私がここで問題としたいのは、「知識があればわかる」とか、「調べればわかる」といった、知識の獲得によってすぐに解決できるような問題ではなく、どうすれば知識と思考とを関係づけることができるか――簡単にいうと、知っていることと考えることとを結びつけるやりかたの問題です。

※ステレオタイプとは、ありきたりの常識や紋切り型の決まり文句など、決まりきったものの見かたをいう。

（苅谷剛彦著「知的複眼思考法」講談社より　出題にあたり一部改変）

設問　筆者が述べている「知ることと考えること」を簡単に要約した後、あなたの考える「知っていること」と「考えること」を結びつける方法について、800字以内で述べなさい。

⑫　2019年（平成31年）度「知ることと考えること」課題文型

出典：苅谷剛彦著「知的複眼思考法」講談社より　出題にあたり一部改変

問　筆者が述べている「知ることと考えること」を簡単に要約した後、あなたの考える**「知っていること」と「考えること」を結びつける方法について**、800字以内で述べなさい。

関根による分析の視点→

本質的な内容を知るには一様々な視点・解釈から考える

考えることで内容が深まる―知る内容も深まる

人との接し方の秘訣―相手を知っているからこそ相手の立場で考えられる・相手の心に寄り添える

医療論・人間観

構想メモ（文章展開設計図）

〈筆者の主張と要約〉

主張
- 課題文では、学生たちは自分から問題を立ててそれを解くということは、あまり得意でないようだ。
- また、学生たちはどこかに正解がある、じっくり考えるより、簡単にどこかに答えがあると思ってしまう、と筆者は述べている。

理由
- なぜなら、教師の言うことや本に書かれていることから「正解」を探せばよいと思っているからだ。

つなぎの段落

・この考え方に、私は同感する。それは、どのような問題であれ、学生たちは答えが出るとそれだけで問題がすべて解決したと思っているところがあるからだ。

・以上を踏まえたうえで、「知っていること」と「考えること」を結びつける方法について私の考えを述べることにする。

考察1

※「知っている」→様々な視点から確かめる。理由は？反論を書く

・まず、本当に知っているのなら、様々な視点から確かめてみることだ。

　例：理由は確かか、反対の立場から見ると、自分の考えを論破してみる

・「知っていること」と「考えること」を結びつけるもの（方法）とは、

　　→考えることによって知る内容が深まり、反対に、知る内容が深まるからこそ、考えることにも味わい深い捉え方が出てくる……。

結び（接し方の秘訣）

・この筆者の考え方から、私は人との接し方の秘訣のようなものを痛感する。

2019 年度　防衛医科大学校看護　「「知ることと考えること」を要約した後、あなたの考える「知っていること」と「考えること」を結びつける方法について、800 字以内で述べなさい。」

課題文では、学生たちは自分から問題を立ててそれを解くということは、あまり得意でなく、じっくり考えるより簡単にどこかに答えがあると思ってしまう、と筆者は述べている。

（筆者の主張）

なぜなら、教師の言うことや本に書かれていることから「正解」を探せばよいと思っているからだ。この考え方に、私は同感する。それは、どのような問題であれ、学生たちは答えが出るとそれだけで問題がすべて解決したと思っているところがあるからだ。以上を踏まえたうえで、「知っていること」と「考えること」を結びつける方法について私の考えを述べることにする（てみたい）。

＋（理由）＋（私の考え）＋（補足）

まず、本当に知っているのなら、様々な視点から確かめてみることだ。例えば、理由は確かであるか。また反対の立場から見ると、本当にそうであるかを確かめるために、反論を書き、自分の最初の考えを論破してみることだ。そうすることで、知っていることがどこまで知っているかを改めて考える契機、きっかけとなり、知ることが一段と深い内容として定着するであろう。次に単に知っているは、表面的な事柄に近い捉え方かもしれないが、本質的な内容について知っている場合は、様々な視点から考えをめぐらせることで、はじめて知っていると言うことができると考える。

「知っている」（理由は確かか、また、反論を書く）

本質的な内容　様々な視点から考える

つまり、知っていることと考えることを結びつける方法とは、知っていることについて様々な視点や解釈などの観点から考えることだ。

「知っていること」と「考えること」を結びつけるもの

その時、考えることによって知る内容が深まり、反対に知る内容が深まるからこそ考えることにも味わい深い捉え方が出てくるものと思われる。

「考えることによって、知る内容が深まる」

この筆者の考え方から、私は人との接し方の秘訣のようなものを痛感する。一般的に知ることがなければ、それ以上の理解は深まらない。また、知っているからこそ、相手の立場で考えていける。さらに相手の心に寄り添った振る舞いができる。これこそ、看護の心に通じるものがある、と私は考えている。

（結び）接し方の秘訣⇒知ることがなければ、理解は深まらない。相手の心に寄り添った振る舞いができる。

2019年度　防衛医科大学校看護　「「知ることと考えること」を要約した後、あなたの考える「知っていること」と「考えること」を結びつける方法について、800字以内で述べなさい。」

課題文では、（

）、と筆者は述べている。なぜなら、（

）いるからだ。この考え方に、私は同感する。それは、（

）。以上を踏まえたうえで、「知っていること」と「考（　　　　　　　　　）て私の考えを述べることにする。

（筆者の主張）

＋（理由）＋（私の考え）＋（補足）

まず、本当に知っているのなら、様々な（　　）から確かめてみることだ。例えば、（　　）は確かであるか。また（

）の立場から見ると、本当にそうであるかを確かめるために、（　　）を書き、自分の最初の考えを論破してみることだ。そうすることで、知っていることがどこまで知っているかを改めて考える契機、きっかけとなり、知ることが一段と深い内容として定着するであろう。次に単に知っているは、表面的な事柄に近い捉え方かもしれないが、本質的な内容について知っている場合は、様々な視点から考えをめぐらせることで、はじめて知っていると言うことができると考える。つまり、（

）とだ。その時、考えることによって知る内容が深まり、反対に知る内容が深まるからこそ考えることにも味わい深い捉え方が出てくるものと思われる。

この筆者の考え方から、私は人との接し方の（　　）のようなものを痛感する。一般的に（　　）ことがなければ、それ以上の（　　）は深まらない。また、知っているからこそ、相手の立場で考えていける。さらに相手の（　　　　）った振る舞いができる。これこそ、（　　　）に通じるものがある、と私は考えている。

「知っている」（理由は確かか、また、反論を書く）
本質的な内容　様々な視点から考える
「知っていること」と「考えること」を結びつけるもの
（結び）接し方の秘訣

A　2021年（令和3年）度　北里大学　看護学部　小論文問題
「考える頭」のつくり方　外山滋比古　著　PHP文庫
設問　著者の主張に対するあなたの考えを、身近な例をあげて800字以内で記述しなさい。

関根による分析の視点→

必要なのは、知識ではなく知恵を生むための考える力、思考力である

知識―知ることの内容　知恵―問題を解決しようとする能力
知恵を生むための考える力は本を読む中からではなく、生活実践の中で工夫につぐ工夫から生まれる
人間観

▶事前・事後学習のための小論文過去問題A・B・C

❼ 2021年度　北里大学看護学部（一般）　小論文

（60分）

次の文章を読んで、後の問いに答えなさい。

昔の人がいろいろなものをつくったきっかけは、生活の中で、苦労をして見つけたもの、何気なく思いついたもの、偶然に見つかったものなど、さまざまである。

コンピューターには新しいものを考え出す力はない。知識の記憶量は膨大（ぼうだい）だけれど、それだけでは新しい知識は生まれない。新しい知識は、経験と思考から生まれる。

ただし、その知識は生まれた瞬間、過去のものとなる。それがさらに経験にもまれて社会に定着すると、知恵になる。われわれに必要なのは、知識ではなく、知恵を生むための考える力、思考力である。

コンピューターをつくった人は、考える力を懸命に発掘し、苦労したことだろう。けれども、それを使う人はただ利用しているだけである。ただ利用するだけなら、使用法を覚えれば考えなくてもすむ。

コンピューターが日本で開発されなかったのは、日本人の暗算能力が高かったからである。欧米の人は暗算が苦手で、ことに引き算に弱い人が多いらしい。

だから、彼らが計算機をつくったのは、そうした生活上の要求があったからで、それだけに社会的効用は大きかった。日本では、そろばんがうまくなれば暗算もできるようになるから、かつて八百屋の店員さんあたりでも、計算機がなくても困らなかった。

もともとそういう能力があったために、日本人は計算機をつくろうという発想自体がなかったのである。

その日本人も、そろばんを使わなくなったいまでは、暗算力がずいぶんと落ちている。とくに電卓ができてからは、まったくだめになった。暗算をする必要がなくなったからである。

人間の能力は使わずにいれば、急速に衰えていく。考えずにいれば、思考能力も落ちていく。

出典：「考える頭」のつくり方　外山滋比古　著　PHP 文庫

問題　著者の主張に対するあなたの考えを、身近な例をあげて 800 字以内で記述しなさい。

構想メモ（文章展開設計図）

2021 年度　北里大学看護学部（一般）

課題文型小論文

出典：「考える頭」のつくり方　外山滋比古　著　PHP 文庫

著者の主張 ＋ **理由**・**出題者のネライ**

・われわれに必要なのは、知識ではなく、知恵を生むための考える力、思考力である。

・なぜなら、生活上の要求から生まれたコンピューターなどの計算機は、考える力、思考力を懸命に発揮して開発されたものだから。

つなぎの段落

・確かに知識は必要であるだろう。しかし、それ以上に知恵を生むための思考力の方が現実の社会や実生活では役に立つ方が多い。

・そこで、著者の主張である～必要だという点について私の考え方を以下に述べてみたい。

考察１ ＝持論①

・まず、知識と知恵の違いである。知識は知ることの内容であるのに対して、知恵は問題を解決しようとする能力のことである。

・その能力は考える力、思考力から生まれる。

・課題文の著者の立場に立てば、思考能力が落ちていく現代にあって～

考察２ ＝持論②

・ここで私にとっての身近な例をあげて内容を掘り下げてみたい。
・友人Ａは勉強が優秀で受験などの知識は豊富であった。
　友人Ｂは勉強は優秀というほどではないが、文化祭実行委員長の後、～
・高校３年になって、クラスで何かを決め、動かなければならなかった時、～

考察３＝持論③
・この例でも分かるように、知識だけでは～。むしろ、様々な活動や体験によって生まれた知恵、～

結び
・最後に、

著者は、われわれに必要なのは知識ではなく知恵を生むための考える力、思考力であると主張している。またその理由として、新しい知識は、経験と思考から生まれるとし、その例としてコンピューターをつくった人は、考える力を懸命に発揮したからだという。この著者の考え方に対して私は賛成する。確かに知識は必要であるだろう。しかし、それ以上に知恵を生むための思考力の方が現実の社会や実生活では役に立つことが多い。そこで、著者の主張である知識より知恵を生むための考える力、思考力が必要だという点について私の考え方を以下に述べてみたい。

（著者の主張）＋（理由）

「確かに（A）。しかし（B）」私の考えの導入
譲歩逆説構文
つなぎの段落（A）の一般論に対し、（B）の著者の主張 → 賛成する

まず、知識と知恵の違いである。知識は知ることの内容であるのに対して、知恵は問題を解決しようとする能力のことである。またその能力は考える力、思考力から生まれる。課題文の著者の立場に立てば、思考能力が落ちていく現代にあって、本当に必要な能力であり、むしろ伸ばさなければならないのが、この考える力、思考力であると私は考える。

持論1（知識と知恵の違い）

ここで私にとっての身近な例をあげて内容を掘り下げてみたい。私が高校の時、二人の友人がいた。友人Aは勉強が優秀で受験などの知識は豊富であった。一方、友人Bは勉強は優秀というほどではなかったが、文化祭実行委員長の後、生徒会執行部の役員にもなった。クラスで何かを決め、動かなければならなかった時、いつも発言し先頭に立って動くのは友人Bであった。この例でも分かるように、知識が豊富だけでは発言や行動力には結びつかない場合があるかもしれな

持論2（身近な例・友人A・Bの話）

い。むしろ、様々な活動や体験によって生まれた知恵、また目標を達成するために思考力を働かせた中から生まれた知恵は、生きる知恵として必要な力になるのである。

持論3（持論のまとめ＝著者の主張に関連）

最後に、知恵を生むための考える力、思考力は問題解決能力と同様に、本を読む中から生まれるのではなく、生活実践の中で工夫につぐ工夫から生まれる職人技（わざ）と私は考える。

結び（結論）私の考え方

2021年度　北里大学看護学部（一般）「考える頭」のつくり方

著者は、われわれに必要なのは（　　）ではなく（　　）を生むための考える力、思考力であると主張している。またその理由として、新しい知識は、（　　）と（　　）から生まれるとし、その例としてコンピューターをつくった人は、考える力を懸命に発揮したからだという。この著者の考え方に対して私は賛成する。確かに（　　）は必要であるだろう。しかし、それ以上に（　　　　）を生むための思考力の方が現実の社会や実生活では役に立つことが多い。そこで、著者の主張である（　　）より（　　）を生むための考える力、思考力が必要だという点について私の考え方を以下に述べてみたい。

（著者の主張）＋（理由）

「確かに（A）。しかし（B）」私の考えの導入
譲歩逆説構文
つなぎの段落（A）の一般論に対し、（B）の著者の主張 ▶賛成する

まず、（　　）と（　　）の違いである。（　　）は知ることの内容であるのに対して、（　　）は問題を解決しようとする能力のことである。またその能力は考える力、思考力から生まれる。課題文の著者の立場に立てば、（　　）能力が落ちていく現代にあって、本当に必要な能力であり、むしろ伸ばさなければならないのが、この考える力、（　　）力で

持論1（知識と知恵の違い）

あると私は考える。

ここで私にとっての身近な例をあげて内容を掘り下げてみたい。私が高校の時、二人の友人がいた。友人Aは勉強が優秀で受験などの知識は豊富であった。一方、友人Bは勉強は優秀というほどではなかったが、文化祭実行委員長の後、生徒会執行部の役員にもなった。クラスで何かを決め、動かなければならなかった時、いつも発言し先頭に立って動くのは友人Bであった。この例でも分かるように、知識が豊富だけでは発言や行動力には結びつかない場合があるかもしれない。むしろ、様々な活動や体験によって生まれた知恵、また目標を達成するために思考力を働かせた中から生まれた知恵は、生きる知恵として必要な力になるのである。

最後に、(　　)を生むための考える力、思考力は(　　　　)能力と同様に、本を読む中から生まれるのではなく、生活実践の中で工夫につぐ工夫から生まれる職人技(わざ)と私は考える。

↓ 持論2（身近な例・友人A・Bの話）

↓ 持論3（持論のまとめ＝著者の主張に関連）

↓ 結び（結論）私の考え方

❽令和３年度　都立看護専門学校　推薦入学試験　小論文課題

次の文章を読んで、設問に答えなさい。

数学をしていると、それまでわからなかったはずのことがある瞬間にふとわかる経験をすることがある。それは、数学を学ぶ最大の喜びの瞬間でもある。

高校時代の僕はその喜びをまだ知らず、ただ受験科目の一つとして数学を学んだ。問題集の解答をくり返し書き写して解法を「暗記」して、それで試験を突破するという、今にして思えば最悪の勉強の仕方をしていた。それによって知識やテクニックは身についても、肝心の「わかる」という経験の喜びを味わうことはできなかった。

大学に入って岡潔のエッセイに出会い、自力で解く前に解法を知ると、「それはもう解けない問題になってしまう*」と彼が書いているのを読んで、はじめて、解答を閉じて問題と向き合うことを知った。問題を頭に入れて、あとは白紙と対峙(じ)する。それはとても怖いことである。

白紙と向き合う時間は、地図のない森をさまようのにも似た心細さがある。つい誰かに道をたずねたくなる。そこをぐっとこらえて、ただ自分の身一つで、白紙と辛抱強く向き合う。

方針を立てる。計算してみる。幾度も失敗をくり返しながら、それでもあきらめずに挑み続ける。そうすると、ときに本当に、真っさらの紙から始めて自分で歩んで、わかってしまう瞬間がある。最後までどうしてもわからないことももちろんあるが、最初はさっぱりわからなかった問題を、独力で解決した瞬間の喜びは格別である。

わからない自分が白紙と向き合い、辛抱強く試行錯誤をくり返しているうちに、ある瞬間「わかった」自分に変わるのだ。それはまるで母親の胎内にある日突然いのちが宿るような、「零（ゼロ）」から何かが生まれる鮮烈な体験である。それがどんな小さな、とるに足らない発見だとしても、白紙から始めて、自力で何かをわかる瞬間の喜びは何ものにも代え難い。

＊「すみれの言葉」（『岡潔「日本の心」』所収）

出典：森田真生著（2019）『数学の贈り物』株式会社ミシマ社

（設問）

著者が伝えたいことを200字程度に要約した上で、「わかるということ」について、体験を踏まえたあなたの考えを、要約を含めて800字程度で述べなさい。

B 2021 年（令和３年）度　都立看護専門学校　推薦入試　小論文課題

出典：森田真生著（2019）『数学の贈り物』株式会社ミシマ社

設問　著者が伝えたいことを 200 字程度に要約した上で、**「わかるということ」について**、体験を踏まえたあなたの考えを、要約を含めて 800 字程度で述べなさい。

関根による分析の視点→

自力で何かをわかる瞬間の喜び

知識やテクニックは身についても、肝心の「わかる」という喜びは味わうことはできない

問題がわかる・問題の核心がわかる

人間観・社会観

構想メモ（文章展開設計図）

著者の主張 ＋ **理由**・**出題者のネライ**

・白紙から始めて、自力で何かをわかる瞬間の喜びは何ものにも代え難い。

・（なぜなら）高校時代の著者は問題集の解答をくり返し暗記し試験を突破していたので、知識やテクニックは身についても、肝心の「わかる」という喜びは味わうことはできなかった。

・（そのことに気づいたきっかけは）大学入学後に岡潔のエッセイに出会ったから。

・自力で解く前に解法を知ると、解けない問題になってしまう。

つなぎの段落

・この著者の考え方に、私は味わい深いものを感じる。まさに賛同である。

・確かに解き方を知れば、誰でも答えられる。しかし、解き方がわからなければ～

考察１＝**持論、次の二点**

・第一点は、「問題がわかる」について。
解き方をたくさん身につけて、どんな問題にも対応できる。

・第二点は、「問題の核心がわかる」
体験を踏まえて、

考察２＝**結び**

・これからの人生、そして社会の中で～

令和３年度　都立看護専門学校「「数学の贈り物」わかるということについて800字」

（著者の主張）＋（理由）

著者は、白紙から始めて、自力で何かをわかる瞬間の喜びは何ものにも代え難いと述べている。なぜなら、高校時代の著者は問題集の解答をくり返し暗記し試験を突破していたので、知識やテクニックは身についても、肝心の「わかる」という喜びを味わうことはできなかったからである。そのことに気づいたきっかけは、大学入学後に岡潔のエッセイに出会ったからだという。自力で解く前に解法を知ると、解けない問題になってしまうのだ。

（理由の背景）

この著者の考え方に、私は味わい深いものを感じる。まさに賛同である。確かに解き方を知れば、誰でも答えられる。しかし、解き方がわからなければ、地図のない森をさまようにも似たものがあるという課題文には、誰もが同感するであろう。以上のような著者の考え方を踏まえたうえで「わかるということ」について、私は次の二点から考えを述べたい。

（つなぎの段落）

第一点は、「問題がわかる」について。つまり、解き方をたくさん身につけてどんな問題にも対応できるのが「わかる」であるが、これは誰でも経験したことがあるだろう。

持論１「わかる」

第二点は、「問題の核心がわかる」についてである。私はかつて、世界の文学といわれたゲーテの大作『ファウスト』を読破しようとした体験がある。長編で難解なところがあり、何度も読むのをやめようと思っていた。しかし、ファウストが人生に絶望し自殺しようとして語ったセリフを読んだ時、この作品の主題、核心のようなものを直観した。読み方のヒント、難

持論２「核心がわかる」

解な本の解法の手がかりなど知るよしも当時の私は知らなかった。本であれ、学問的な難問であれ、例えば核心のようなものに触れると、不可能の扉が自然に開かれるのである。核心が見えるからこそわかるということが、真に「わかる」(ということだ)ことだ。

「核心」の補足

これからの人生、そして社会の中で数々の難問、難題に直面することであろう。その時こそ、核心を見抜くことができるから「わかる」といえるような英智を磨いていきたい。

(結び)核心を見抜くことができる英智

C 2017年（平成29年）度　都立看護専門学校　社会人入試　小論文課題

出典：前田英樹著（2015）「独学する心」（桐光学園＋ちくまプリマー新書編集部・編『何（なん）のために「学（まな）ぶ」のか（中学生（ちゅうがくせい）からの大学講義（だいがくこうぎ））1』株式会社筑摩書房）

設問　上記の文章を要約した上で、**「技を身につける」こと**について、あなたの体験をもとに1,200字程度で述べなさい。

関根による分析の視点→

生き方に対する心がまえ

・技を身につける　・技は心から　・心と技

人間観・社会観

❾ 2017年（平成29年）度　都立看護専門学校　社会人入試　小論文課題

次の文章を読んで設問に答えなさい。

独学する心は、学問や読書だけにあるのではもちろんない。およそ人が生きるために学ぶ行為の中では、いつも必要とされているものではないだろうか。例えば、私が去年知り合った大工さんは独学の権化のような人だ。自分の家を改築したときに、この人に来てもらった。歳は当時六五歳だった。名前は高橋茂さん、大工としての腕もとびきりだが、生きる姿もすばらしい。

高橋さんが子どもだった頃は集団就職の全盛期。この人は中学卒業後に埼玉へ出て、大工の親方に弟子入りをした。そこで一番つらかったのは、「自分が何をすればいいか、だれも言ってくれなかったこと」だったそうだ。作業現場に行っても、指示がこない。親方の仕事を後ろから見ていると「仕事の邪魔だ」とか「ぼーっとしているな」などと怒鳴られる。（中略）働きに出て、何をしたらいいかわからないほどつらいことはない。中学を出て親元から離れたばかりの子どもだから、さぞつらかっただろう。

でも、現場にしばらく通っていくうちに、自分が何をすればいいのかが段々とわかってきた。そうすると、親方と自分の差というものが、おのずと見えてくる。親方の鉋（かんな）から出る削り屑（くず）を見て、びっくりする。「どうやったらこんな具合に削れるんだろうか」と考える。夜、皆の仕事が終わり、後片付けもすませてから、一人で鉋を手に取って不要な木材を削ってみる。見よう見まねだ。そうするうちに仕事がだんだんとおもしろくなってきたという。奉公に入ってから一年くらいでそうなった。大した進歩、大した教育じゃないか。

大工の奉公働きには、給料なんかない。もらえるのは、何百円かのこづかいだけだ。（中略）とにかく仕事以外にすることがない。気がついたら、えらく腕を上げていた。働きはじめて五年目に、親方がいきなり「お前はもう一人前だから給料を出す」と言った。一人前の職人に払う給料をいきなりくれたそうだ。年功序列なんかじゃない。これもまた、ため息の出るほどすばらしいシステムである。

ここで君たちに考えてもらいたいのは、なぜ、親方は高橋さんに何も教えなかったのか？　ということである。もちろん、意地悪をしているのでも、技術を隠しているわけでもない。口で教えることで死んでしまう技が大工の技だからだ。言葉で教えられたものは、すぐに忘れてしまう。それはただの知識だから。自分の体を使って発見したものは忘れない。そういうものは知識じゃなく、身についた自分の技になっている。

出典：前田英樹著（2015）「独学する心」（桐光学園＋ちくまプリマー新書編集部・編『何（なん）のために「学（まな）ぶ」のか（中学生（ちゅうがくせい）からの大学講義（だいがくこうぎ））1』株式会社筑摩書房）

（設問）

上記の文章を要約した上で、「技を身につける」ことについて、あなたの体験をもとに、1,200字程度で述べなさい。

平成 29 年度　都立看護専門学校　「『独学する心』より「技を身につける」ことについて」

独学する心は人が生きるために学ぶ行為の中で、いつも必要とされているものであると著者は言う。なぜなら、大工の技の例をあげ、言葉で教えられたものはすぐに忘れてしまうが、自分の体を使って発見したものは忘れない。それは知識でなく、身についた自分の技になっているからだと述べている。確かに言葉で教えられたものは、やがては忘れてしまうだろう。しかし、自分の体で覚えたものは体に染み込んでいるから忘れようがない。このような著者の考えに私は深いものを感じる。以上を踏まえ「技を身につける」ことについて体験をもとに、私の考えを述べてみたい。

※以下の文章展開のポイント

生き方に対する心がまえ

- 「技（わざ）を身につける」
- 「技（わざ）は心から」
- 「心と技（わざ）」

⑬　2018 年度　防衛医科大学校看護　小論文

（90 分）

次の文章を読み、設問に答えなさい。

免許の返納　高齢者をどう説得　熊本・免許センターの看護師に聞く

高齢ドライバーの認知症対策が改正道路交通法で強化されました。認知症の疑いなどで運転に不安がある高齢者の事故を防ぐには、早めの医師への受診を個別に促し、運転免許の自主返納につなげることも大切です。熊本県では全国に先駆け、2015 年２月から運転免許センターに看護師を配置し、高齢者らの相談に応じています。どのように対応しているのか聞きました。

相談を受ける看護師は、A さん、B さん、C さんの３人だ。「運転適性相談窓口」で相談を待つだけではない。免許更新の書類を記入する高齢者の様子をうかがい、気になった人に積極的に声をかける。

A さんは「ご自分の名前や日付が書けない方、一緒にいる家族が代筆している方もおられます。『看護師ですが、ちょっとお手伝いしましょうか？』など、さりげなくお声をかけます」と話す。

人目につかないスペースへ誘導し、生年月日などを尋ねながら様子を見る。配偶者や子どもの名前をすぐに答えられないなど、認知症が疑われる人には、運転に影響を与えるおそれがあることから、受診を勧めることになる。ただ自覚がない人も多く、ここからが難関となる。

強い抵抗感を示す人も多いため、「認知症」という言葉は極力使わない。B さんは、「『ニュースでもやっていますけど、高齢者の事故が多いですよね。健康診断を受けてみませんか』などと切り出します」。

とはいえ、多くの高齢ドライバーからは「用心しているから自分は大丈夫」「事故は一度もない」との反応が返ってくる。「お元気ですもんね」と受け止めつつ、「少しもの忘れが多いようなので調べてもらいませんか」などと粘り強く話をつなぐ。

自主返納を勧める際に心がけているのは、運転の目的や背景を本人や家族からよく聞き取ることだ。その問題が解決しなければ決断は難しい。

身分証明書として必要なら自主返納者に交付される運転経歴証明書が使える。日常生活に欠かせない移動手段であるときは、代替となる公共交通機関の有無、介護タクシーや日用品の宅配サービスなどの情報も伝える。通院や買い物を支援してくれる子どもや親類が近くにいるかも確認する。なかには「夫婦でゲートボールに車で行くのが生きがい」と訴える人もいる。新しい生きがいを家族とともに見つけていけないか、一緒に考えることもある。

その人の状態によっては、心情に訴えかけることもある。「『奥さんや娘さんがどれだけ心配しているか』と説得することで、心が動く方もおられます」(A さん。)

一方で、運転を止めようとした家族に暴力をふるうといった緊急性があるケースもある。「これから本人が免許更新に行くので止めてください」と切羽詰まった連絡が家族や介護関係者から入ることもあるという。運転シミュレーション機器なども活用しつつ受診を勧めるが、「ばかにしているのか」と激しく怒り出す人もいる。

こうしたときは、県警運転免許課の警察官のD適正相談係長も協力して対応する。高齢の男性の中には、男性の警察官が加わると態度が変わる人もいるという。運転の危険性を説明しながら、係長が「そろそろ卒業してもいいのではないですか」などと説得するという。

自主返納を決断した人にも丁寧なフォローが必要だ。返納したこと自体をすぐ忘れてしまう人も少なくないといい、Cさんは「免許の取り消し通知書を自宅の目立つところにはっておいてください、と本人や家族にアドバイスします」と言う。介護サービスなどを希望する人には、相談先として地域包括支援センターを紹介する。

返納手続きを終えた本人に、「これまで安全運転ありがとうございました」と拍手してねぎらう場面も。家族が目をうるませることもある。「一大決心ですから。私たちもうるっとします」。Bさんはこう話す。

（『月刊　新聞記事からできた本　医療と健康　2017年5号』より　2017年4月6日付　朝日新聞クマノミ出版　出題のため一部省略）

設問一　文中の波線「早めの医師への受診を個別に促し、運転免許の自主返納につなげる」とあるが、そのための看護師の対応を400字以内でまとめなさい。

設問二　この看護師たちの対応に対しての意見を400字以内述べなさい。

攻略法（要点）―事前・事後学習として、**分析の視点の考え方を深める**ために、**類似内容の考え方**を入試問題などから学ぶ。

⑬　2018年（平成30年）度「高齢者の免許返納」課題文型

「免許の返納　高齢者をどう説得　熊本・免許センターの看護師に聞く」

（『月刊　新聞記事からできた本　医療と健康　2017年5号』より　2017年4月6日付　朝日新聞クマノミ出版　出題のため一部省略）

設問一　文中の波線「早めの医師への受診を個別に促し、運転免許の自主返納につなげる」とあるが、そのための看護師の対応を400字以内でまとめなさい。

設問二　この看護師たちの対応に対しての意見を400字以内で述べなさい。

関根による分析の視点→

高齢者に対して、どのような対応をしているか

どのような看護（師）の心を読み取れるか

3人に共通した看護の心の本質は何か

＊看護の心を一般論的な言葉で答えても、3人に共通した看護の心の本質には至らないだろう

＊看護の心を学んでこそ理路整然とした文章表現となる

医療論・看護論・人間観

＊ヒント⇒ナイチンゲール『看護覚え書』を読むこと

看護の原点　2　看護の独自性　看護師の役割

看護師とは何か①⇒「患者の気持ちを知る」能力

看護師とは何か②⇒変化を読みとる能力

看護師とは何か③⇒「観察」＝「じっと見つめること」ではない

看護師とは何か④⇒	看護師としての使命
	＊何が≪正しく≫何が≪最善≫であるのかという高い理念を達成させるために自分の仕事をすること
	＊①②③も深い意味と捉え方があるので、その表現を学ばなければ、理路整然とした看護の心の本質にはいたらないだろう。

▶事前・事後学習のための補足資料・小論文過去問題Ａまで

補足資料　ナイチンゲール『看護覚え書』　＊ヒントを参照のこと。

構想メモ（文章展開設計図）

2018年度　防衛医科大学校看護

課題文型小論文

出典：『月刊　新聞記事からできた本　医療と健康　2017年5号』より　免許の返納　高齢者をどう説得　熊本・免許センターの看護師に聞く

（内容）

・免許の返納　高齢者をどう説得　熊本・免許センターの看護師に聞く

（設問一）

そのための看護師の対応を400字以内でまとめなさい。

（設問二）

この看護師たちの対応に対しての意見を400字以内で述べなさい。

つなぎの段落　**出題者のネライ**

設問一

・相談を受ける看護師は、Aさん、Bさん、Cさんの3人。高齢者に対して、それぞれどのような対応をしているか。

設問二

・看護師たちの対応にどのような看護（師）の心を読み取れるか。

・3者に共通した看護の心の本質として、どのような心が重要（大切）か。

※高齢者の様子をうかがい、気になった人に積極的に声をかける。

設問一の構想メモ

考察１

Aさん　文章展開　設問（文）→小結論→論述のしかたの説明→具体例１、２、３

（考察）

・ご自分の名前や日付が書けない方→人目につかないスペースに誘導。自覚がない人も多く、ここからが難関。
・その人の状態によっては、心情に訴える。「奥さんや娘さんが心配していると説得。心が動く方もおられる」

考察２

Bさん
・強い抵抗感を示す人も多い。
・認知症という言葉は使わない。「高齢者の事故が多いですね。健康診断を受けてみませんか」
・心がけているのは、運転の目的や背景を本人や家族からよく聞く。
・新しい生きがいを家族とともに見つけていけないか、一緒に考える。
・本人にこれまで安全運転ありがとうと拍手をしてねぎらう、家族。

考察３

Cさん
・返納したことをすぐ忘れてしまう人も少なくない→丁寧なフォローが必要だ。
・免許の取り消し通知書を自宅の目立つところにはっておく。

2018年度　防衛医科大学校看護　(設問一)「『…運転免許の自主返納につなげる。そのための看護師の対応を400字以内でまとめなさい』」

早めの医師への受診を個別に促し、運転免許の自主返納につなげるための看護師の対応としては、まず免許更新の書類を記入する高齢者の様子をうかがい、気になった人に積極的に声をかける。その中で、３人の看護師の対応をまとめると、以下のようになる。

（設問）＋（文中の考え方からの小結論）＋（論述のしかたの説明）

まず看護師A。ご自分の名前や日付が書けない方は人目につかないスペースに誘導する。認知症の自覚がない人も多く対応が難しい。ただ、心情に訴えかけ、奥さんや娘さんが心配していると説得することで、心が動く方もいると言う。次に看護師B。免許返納に抵抗感を示す人も多い。認知症という言葉は使わないで、健康診断をすすめる。また、返納手続きを終えた本人には、これまで安全運転ありがとうございましたと拍手して労をねぎらう。最後に看護師C。自主返納した人にも丁寧なフォローが必要だ。すぐ忘れてしまう人もおり、免許取り消し通知書を目立つところに貼り本人や家族にアドバイスする。三者三様だ。

（具体例A）

（具体例B）

（具体例C）（まとめ）

2018年度　　防衛医科大学校看護　(設問一)「『…運転免許の自主返納につなげる。そのための看護師の対応を400字以内でまとめなさい』」

早めの医師への受診を個別に促し、運転免許の自主返納につなげるための看護師の対応としては、まず（　　　　　　　　　　　　　　　　　　　　　　　　　　　　）３人の看護師の対応をまとめると、以下のようになる。

(設問)+(文中の考え方からの小結論)+(論述のしかたの説明)

まず看護師Ａ。ご自分の名前や日付が書けない方（　　　　　　　　　　　　　　　）する。（　　　　）の（　　）がない人も多く（　　）が難しい。ただ、心情に訴えかけ、奥さんや娘さんが心配していると説得することで、心が動く方もいると言う。

(具体例Ａ)

次に看護師Ｂ。免許返納に（　　　　）を示す人も多い。（　　）という言葉は使わないで、（　　　　　）をすすめる。また、返納手続きを終えた本人には、これまで安全運転ありがとうございましたと拍手して労をねぎらう。

(具体例Ｂ)

最後に看護師Ｃ。自主返納した人にも（　　）な（　　　　）が必要だ。すぐ忘れてしまう人もおり、免許取り消し通知書を目立つところに貼り本人や家族にアドバイスする。（　　　　）だ。

(具体例Ｃ)(まとめ)

構想メモ（文章展開設計図）

2018年度　防衛医科大学校看護

課題文型小論文

出典：『月刊　新聞記事からできた本　医療と健康　2017年5号』より　免許の返納　高齢者をどう説得　熊本・免許センターの看護師に聞く

（設問二）

この看護師たちの対応に対しての意見を400字以内で述べなさい。

・出題者のネライは、設問一に記載している。

・文章展開　設問＋大結論＋前の文の言い換え＋考察（例証＋持論）1、2、3

書き出し　（設問）＋（大結論）＋（前の文の言い換え）

（設問）

・この看護師たちの対応に対しての意見として、

（大結論）

・私はどの看護師も認知症の高齢者の気持ちと内面の変化を読み取り、彼等に辛い思いをさせないという使命感から接していたと考える。

（前の文の言い換え）

・ここから看護師に必要なのは、患者の気持ちを知り察する能力であると捉えたい。

考察１　まず看護師Ａ　例証１　持論１

・認知症という自覚がない。

・家族が心配していると説得した時、心が動いたという。

持論1 ・ここより、心の変化から高齢者の内面の気持ちを読み取ったことが分かる。

考察２　次に看護師Ｂ　例証２　持論２

・免許の返納に強い抵抗感を示した。

・そこで高齢者は事故が多いので、健康診断をすすめた。

・また、運転の目的や背景を本人や家族からよく聞き、新しい生きがいを見つけてはと話した。

持論2 ・高齢者をよく見て、何が正しく最善であるかを熱意をもって看護する中で導いた。

・看護師の使命に生きる言動に思いを馳せた。

考察３　最後に看護師Ｃ　例証３　持論３

持論3 ・丁寧なフォローと辛い思いをさせない。

・看護師の察する力を感じた。

2018年度　防衛医科大学校看護　(設問二)「この看護師たちの対応に対しての意見を400字以内で述べなさい。」

この看護師たちの対応に対しての意見として、私はどの看護師も認知症の高齢者の気持ちと内面の変化を読み取り、彼等に辛い思いをさせないという使命感から接していたと考える。ここから看護師に必要なのは、患者の気持ちを知り察する能力であると捉えたい。

持論＝自分の考えを（設問）＋（大結論）＝

前の文を短く言い換えた

まず看護師A。認知症という自覚がない。家族が心配していると説得した時、心が動いたという。ここより、心の変化から高齢者の内面の気持ちを読み取ったことが分かる。次に看護師B。免許の返納に強い抵抗感を示した。そこで高齢者は事故が多いので、健康診断をすすめたという。また、運転の目的や背景を本人や家族からよく聞き、新しい生きがいを見つけていけないかと話した。高齢者をよく見て、何が正しく最善であるかを熱意をもって看護する中で導いた。看護師の使命に生きる言動に思いを馳せた。最後に看護師C。丁寧なフォローと辛い思いをさせないという看護師の察する力を感じた。

例証1 説明＋持論1

例証2 説明＋持論2

例証3 説明＋持論3

2018年度　防衛医科大学校看護　(設問二)「この看護師たちの対応に対しての意見を400字以内で述べなさい。」

この看護師たちの対応に対しての意見として、私は（　　　　　　　　　　　　　　　　　　　　　　　　　　　　）と考える。ここから看護師に必要なのは、患者の（　　　　　　　　　　　　　）と捉えたい。

まず看護師A。認知症という自覚がない。家族が心配していると説得した時、心が動いたという。ここより、（　）の（　）から（　　）者の（　　）の気持ちを読み取ったことが分かる。次に看護師B。免許の返納に強い抵抗感を示した。そこで高齢者は事故が多いので、健康診断をすすめたという。また、運転の目的や背景を本人や家族からよく聞き、新しい生きがいを見つけていけないかと話した。（　　）者を（　　）て、（　　　　　　　　）であるかを（　　）をもって看護する中で導いた。看護師の（　　）に生きる言動に思いを馳せた。最後に看護師C。丁寧なフォローと辛い思いをさせないという看護師の（　　　）力を感じた。

前の文を短く言い換えた

持論＝自分の考えを（設問）＋（大結論）＝

例証1　説明＋持論1

例証2　説明＋持論2

例証3　説明＋持論3

⑩A 「高齢者の免許返納」の応用編として

2019年（平成31年）度　国際医療福祉大学　小論文　テーマ型

問題　高齢者ドライバーの事故を少しでも減らすにはどのような対策が必要でしょうか。あなたの考えを述べなさい。（600字）

構想メモ（文章展開設計図）

2019年度　国際医療福祉大学

「私を論じる小論文」の場合　→［具体例］―［考察］―［結論］ 「社会性のある小論文」の場合→［定義づけ・現状］―［背景］ ―［対策・意見］・［解決策］

題（テーマ）

高齢者ドライバーの事故を少しでも減らすにはどのような対策が必要でしょうか。あなたの考えを述べなさい（600字）。

[キーワードの**①定義づけ**（内容説明）・**②出題者のネライ**]

①「高齢者医療」の考え方を研究しているかが試されている

→答　予防医療の視点

②　医療人の視点で考えられるか

→答　理学療法士的な視点

⇓

身体のバランスに留意

＝今までのようには動かない

テーマについての知識や体験談・現状

・第一点は、予防医療と健康の視点

→・自分の健康は自分で守る。

・加齢による運動能力の低下に留意する。

└► ①運動する前に腕や足を動かす、全身の筋肉のストレッチをする。

②特定の数の時に腕の動きを変える体操をする。

・高齢者の一般的な特徴

→・視野が狭くなる

・反射神経が鈍くなる

・第二点は、理学療法士の視点

→運転席のミラーの確認で「どこが死角になるか」が体験済

交差点での事故が多い。

（理由）高齢者になれば、運転中の危険対象物（ハザード）を認知する能力が低下するから。

対策・意見・**解決策**

〈発展的な対策〉

・今後、高齢者が運転に必要な認知能力や運動能力を備えているかを数値化して客観的に示すこと。

・高齢者自身の運動能力を過大評価することに警鐘を鳴らしていく。

・安全運転をしていくために、適度な運動と規則正しい生活を心掛ける。

2019年度　国際医療福祉大学　「高齢者ドライバーの事故の対策」

高齢者ドライバーの事故を減らすための対策として、私は絶対に起こさないという強い自覚とそのための事前準備を心掛ける必要があると考えている。具体的には、運転する前に腕や足を動かしたり、全身のストレッチをする。また特定の数の時に腕の動きを変える体操をするなどして安全運転をすることだ。

問に対する答え（＝自分の考え）＋補足

その中で特に二つ留意すべきことがある。第一点は、予防医療と健康という視点である。高齢者は一般に加齢による運動能力が低下している。また、視野が狭くなったり反射神経も鈍くなっている。従って、自分の健康は自分で守るという自覚を持つことで、今までのようには動かない身体のバランスに留意することができるにちがいない。第二点は、理学療法士的な視点である。すでに運転席のミラーの確認で「どこが死角になるか」が実験されている。要するに高齢者になるほど、運転中の危険対象物（ハザード）を認知する能力が低下するのである。であるから、交差点での事故が多いのである。

対策（二つ）についての論述（まず短く述べてから、その補足説明をする）

今後、高齢者が運転に必要な認知能力や運動能力を備えているかを数値化して客観的に示すことで、高齢者自身の運動野力を過大評価することに警鐘を鳴らしていくことと、安全運転を続けるために適度な運動と規則正しい生活を心掛けるよう呼びかけていくことが必要だと私は考える。どんなに素晴らしい人生を送ったとしても、人生の晩年で自動車事故を起こしては、後悔先に立たずである。

発展的な対策（研究心があってこその対策）得点が加算されるだろう

2019年度　国際医療福祉大学　「高齢者ドライバーの事故の対策」

高齢者ドライバーの事故を減らすための対策として、私は絶対に起こさないという強い自覚とそのための（　　）準備を心掛ける必要があると考えている。具体的には、運転する前に腕や足を動かしたり、全身のストレッチをする。また特定の数の時に腕の動きを変える体操をするなどして安全運転をすることだ。

問に対する答え（＝自分の考え）＋補足

その中で特に二つ留意すべきことがある。第一点は、（　　）医療と健康という視点である。高齢者は一般に（　）による運動能力が低下している。また、（　　）が狭くなったり（　　）神経も鈍くなっている。従って、自分の（　　）は自分で（　　）という自覚を持つことで、今までのようには動かない身体のバランスに留意することができるにちがいない。第二点は、（　　）療法士的な視点である。すでに運転席のミラーの確認で「どこが（　　）になるか」が実験されている。要するに高齢者になるほど、運転中の危険対象物（ハザード）を（　　）する能力が低下するのである。であるから、交差点での事故が多いのである。

対策（二つ）についての論述（まず短く述べてから、その補足説明をする）

今後、高齢者が運転に必要な認知能力や運動能力を備えているかを（　　）化して客観的に示すことで、高齢者自身の運動野力を（　　）評価することに（　　）を鳴らしていくことと、安全運転を続けるために（　　）な運動と規則正しい生活を心掛けるよう呼びかけていくことが必要だと私は考える。どんなに素晴らしい人生を送ったとしても、人生の晩年で自動車事故を起こしては、（　　）先に立たずである。

発展的な対策（研究心があってこその対策）得点が加算されるだろう

⑭ 2017年度 防衛医科大学校看護 小論文

（90分）

次の文章を読み、設問に答えなさい。

長年、健康づくり活動に携わってきた私は今、臨床の世界に身を移し、退院する患者さんの療養を支援する退院調整や保健医療福祉連携に関わっています。そのような仕事を行うようになって、今さらながら改めて気づいたことがあります。それは当たり前のことですが、人には必ず死が訪れる、人は100％死ぬ、その死亡率は100％だ、ということです。

ところが、一般市民あるいは患者の多くは、そのような認識を持っておらず、医療機関に運ばれていざ手術をしたり入院をしたりするという追い詰められた段階になって、はじめて生き死にの問題に直面します。

それは、私たちの多くがいつの頃からか、生活の中での人の生き死にを目の当たりにする経験をしなくなったからではないかと思います。その実態を如実に現しているのが、図1です。これは、わが国における死亡場所の推移を示したものですが、1970年代を境に自宅での死亡と病院での死亡が逆転し、現在では約9割もの人が病院で亡くなっていることを示しています（最近は、急性期病院の在院日数短縮化の影響もあり、病院死が若干減っているようです）。

医療は、感染症全盛の時代に感染拡大を防ぐ方法として「隔離」という政策を進めるようになり、その後、さまざまな病気に対し外科的な手術を行うなど多くの治療法が開発され、自宅とは別の場所つまり病院で療養させるという対応をとる方向に発展してきました。すなわち、病気になっても自宅で過ごすしかなく、身近なところに人の生き死にが存在していた時代から、隔離された医療の世界で生き死にが扱われるような時代へ、と医療は変遷したのです。

そしてその結果、人が生まれる姿や死ぬ姿を一般の人々が見る機会がほとんどなくなってしまったわけです。

その一方で、医療者はしょっちゅう人の死を見ています。とくに最近は、超高齢化の中で、多くの患者が高齢で複数の慢性疾患等を抱えているため、若い患者の場合と異なり、治療の甲斐なく亡くなるというケースが激増しています。今後は、その数がさらに増えていくと考えられます。

人の死を頻繁に目にしている医療者とめったに見ることがなくなってしまった一般市民とのギャップ、そして80歳を過ぎると「自分は死なないのでは」と思い込むという自分が死ぬとは思っていない患者と、実際には間違いなく死がおとずれる現実とのこのとてつもないギャップが、今日の医療を複雑なものにしているのだろう、と私は考えています。

図１　死亡場所の推移

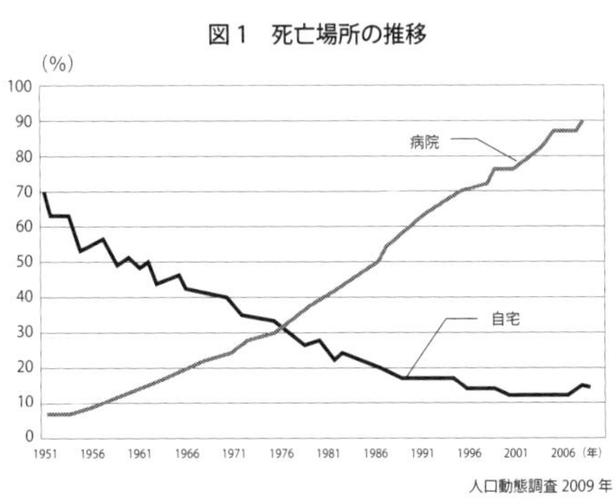

人口動態調査 2009年

　また、これまでのように「治して済む医療」ばかりであればよいのですが、高齢化が進展すると、治らない病気が増えます。がんなどがその最たる疾患ですけれど、高齢社会では文字通り、「治せない医療」がまさに現実のもの　その結果、多くの人々は医療に期待しているのに「結局、助けてくれなかった」という失望感を抱き、医療者も「治せなかった」という敗北感に苛まれることになるのです。高齢社会はそもそも治せない病気だらけになるのが当たり前となるにもかかわらず、双方ともその当然の現実を受け入れることができないでいるのが、今日の状況なのです。

（櫃本真聿『生活を分断しない医療』ライフ出版社より　出題にあたり一部表記を改編）

設問　波線部について、筆者は今日の医療にはどんなギャップが起こっていると述べているのかを考慮した上で、文章全体やグラフも参考にしながら、それに対するあなたの考えを述べなさい。（800字以内）

⑭　2017年（平成29年）度　課題文型

櫃本真聿（ひつもとしんいち）著『生活を分断しない医療』ライフ出版社より　出題にあたり表記を一部改編

設問　波線部について、筆者は今日の医療にはどんなギャップが起こっていると述べているのかを考慮した上で、文章全体やグラフも参考にしながら、それに対するあなたの考えを述べなさい。（800字以内）

攻略法（要点）―事前準備・事後学習として、**分析の視点の考え方を深める**ために以下の資料を配布し、説明した。

A　データ型小論文の書き方

B　終末期における療養の場所

C　自宅で最期まで療養することが困難な理由

D　訪問看護ステーションの役割と実際

関根による分析の視点→

図1「死亡場所の推移」のグラフを見て社会背景の視点から分析すると、

①　核家族化の問題

②　終末期医療の問題

③　在宅医療の問題

④　看取りの問題

⑤　訪問看護師不足の問題

⑥　終末期医療施設の不足

⑦　ターミナルケアに対する取り組み

構想メモ（文章展開設計図）

2017 年度　防衛医科大学校看護

課題文型・データ型小論文

出典：櫃本真聿（ひつもとしんいち）著　『生活を分断しない医療』　ライフ出版社より

図 1　死亡場所の推移　人口動態調査 2009 年

著者の主張 ＋ **理由**・**出題者のネライ**

・波線部について筆者は今日の医療にはどんなギャップが起こっていると述べているのかという問いについては、以下の二つであると私は考える。

・まず、人の死を頻繁に目にしている医療者と、めったに見ることがなくなってしまった一般市民のギャップである。
　（↑Ⓐ「人の死を頻繁に目にしている医療者」、Ⓑ↑「めったに見ることがなくなってしまった一般市民」）

・次に、80 歳を過ぎると「自分は死なないのでは」と思い込むという自分が死ぬとは思っていない患者と、実際には間違いなく死がおとずれる現実とのこのとてつもないギャップである。
　（↑Ⓒ「死ぬとは思っていない患者」、Ⓓ↑「実際には間違いなく死がおとずれる現実」）

つなぎの段落

・ところで、図 1　死亡場所の推移より、

（1951 年では、自宅が 70％だったが、2006 年は 15％と低下して

いる。反対に）1951 年では病院が 10％なかったが、2006 年は

Ⓔ

90％と高くなっている。

これは人が最期を迎える場所が医療や社会の変化とともに変わってきたということである。要するに、家では死ねない、自宅では「看取り」は叶わないということなのだ。

考察１

そこで、このギャップの背景を推測しよう。

・第１に、高度経済成長期における核家族化
・第２に、自宅で亡くなるためには終末期のサポートを要する。家族に負担
・第３に、在宅の看取りを手がける診療所や病院が少ない

考察２

更に、早急に必要な対策として考えられること

・訪問看護師を増やす
・在宅医療制度の充実、医師不足、看護師不足、医療施設の増加
・終末期医療、ターミナルケアに対する取り組み方

考察３

その中で、再び自宅での死が注目されている。

・理由→医師不足や病床数（ベッド数）の不足……
・また、それ以上の理由は、……

結び　ここは考えて!!

2017年度　防衛医科大学校看護　グラフ「図1　死亡場所の推移」

筆者の今日の医療にはどんなギャップが起こっていると述べているのかという問いについては、次の二つであると私は考える。まず、人の死を頻繁に目にしている医療者と、めったに見ることがなくなってしまった一般市民のギャップである。次に、80歳を過ぎると「自分は死なないのでは」と思い込むという自分が死ぬとは思っていない患者と、実際には間違いなく死がおとずれる現実とのこのとてつもないギャップである。

問に対する論述のしかた（二つのギャップ）

ところで、図1の死亡場所の推移で1951年に病院が10%なかったが、2006年は90%と高くなっている。これは人が最期を迎える場所が医療や社会の変化とともに変わってきたということである。要するに、家では死ねない、自宅では「看取り」は叶わないということだ。

図1の分析（問題点）

そこで、このギャップの背景を推測すると、第1に、高度経済成長期における核家族化が進んだこと。第2に、自宅で亡くなるためには終末期のサポートを要するために、家族に負担がかかること。第3に、在宅の看取りを手がける診療所や病院が少ないこと。

図1の問題点の背景

更に、早急に必要な対策として考えられることに、まず訪問看護師を増やし、孤立死や孤独死にならないようにする。在宅医療制度の充実として医師不足、看護師不足にならないよう、医療人の育成の充実に努めること。一方、そのための医療施設も不足しており、施設の増設も必要であろう。更には、終末期医療、いわゆるターミナルケアに対する取り組み方の研究も大いに必要だ。仮に余命いくばくもない患者さんの場合、この世

問題点に対する対策（終末期医療　訪問看護師）

に生まれてよかったという演出をしていくのも医療人の果たすべき役割であろう。

（別の視点では）
その中で再び自宅での死が注目されている。理由は、医師不足や病床数の不足という現実があるからだ。また、それ以上の理由は、人生の終わりの時は自分の家で、家族とともに過ごした家でという思いからだ。

自宅での死の注目＝在宅死

最後に自宅での安らかな看取りを望みたい。

結び

2017年度　防衛医科大学校看護　グラフ「図１　死亡場所の推移」

筆者の今日の医療にはどんなギャップが起こっていると述べているのかという問いについては、次の二つであると私は考える。まず、人の死を頻繁に目にしている（　　　）と、めったに見ることがなくなってしまった（　　　　）のギャップである。次に、（

）違いなく死がおとずれる現実とのこのとてつもないギャップである。

問に対する論述のしかた（二つのギャップ）

ところで、図１の死亡場所の推移で（　　　）に病院が10％なかったが、2006年は90％と高くなっている。これは人が最期を迎える場所が（　　　　　）変化とともに変わってきたということである。要するに、家では（　　　　　）自宅では「（　　　）」は叶わないということだ。

図１の分析（問題点）

そこで、このギャップの背景を推測すると、第１に、高度経済成長期における（　　　）化が進んだこと。第２に、自宅で亡くなるためには（　　　　　　　　）を要するために、家族

図１の問題点の背景

に負担がかかること。第３に、在宅の看取りを手がける（　　　　　　）が少ないこと。

更に、早急に必要な対策として考えられることに、まず訪問看護師を増やし、（　　）死や（　　）死にならないようにする。在宅医療制度の充実として医師不足、看護師不足にならないよう、医療人の育成の充実に努めること。一方、そのための医療施設も不足しており、施設の増設も必要であろう。更には、終末期医療、いわゆるターミナルケアに対する取り組み方の研究も大いに必要だ。仮に余命いくばくもない患者さんの場合、（　　　　　　）よかったという演出をしていくのも医療人の果たすべき役割であろう。

（別の視点では）
その中で再び自宅での死が注目されている。理由は、（　　　　　　）の不足という現実があるからだ。また、それ以上の理由は、人生の終わりの時は自分の家で、家族とともに過ごした家でという思いからだ。

最後に（　　　　　　　　　　　）を望みたい。

問題点に対する対策（終末期医療　訪問看護師）

自宅での死の注目＝在宅死

結び

⑮　2022 年度　防衛医科大学校看護　小論文

（90 分）

次の文章を読み、設問に答えなさい。

「人に寄り添うということ」

僕はこれまで、数えきれないほど多くの患者さんに接してきました。その一人ひとりが、僕を医師として成長させてくれたのだと感じています。

患者さんとの会話は、時に目の前の病気のことから離れ、その方の子ども時代や、趣味の話に及ぶこともあります。自分が好きなことや、懐かしい思い出について語るとき、だれもがいきいきとした表情になるものです。世間では医師の「３分診療」が問題になって久しいですが、僕は極力、こうした対話を大事にしています。患者さんと僕の間に、病気のこと以外の具体的な対話が生まれる。すると、そういうなにげない会話を通じて、単なる医師と患者という関係ではなく、私はあなたのことをひとりの人間として大切に思っていますよ、という気持ちが、なんとなく相手にも伝わるのだと思います。それが患者さんと医師の信頼関係を育みます。

患者さんの話にゆっくり合槌（あいづち）を打ちながら、「世間話」のような会話を交わしていると、その方やご家族が抱えている思わぬ悩みが明らかになることもあるし、また、その解決策がひょんなことでご自身の口から導き出されることもあります。

先にも触れましたが、宗教哲学者、マルティン・ブーバーは、

〝創(はじ)める〟ということだけでなく、僕の生きかたに多くの影響を与えてくれました。

「人間にふたつの自己があり、ひとつは〝私とあなた〟もうひとつは〝私とそれ〟である」というのもブーバーのことばです。人間には、相手を〝あなた〟と思う関係と、物のように〝それ〟とみなす関係の、ふたつがあるというのですね。医療従事者と患者さんの関係が〝私とそれ〟であってはならない。〝それ〟ではなく、〝あなた〟と思う関係、つまり、親や子ども、夫や妻、恋人や友人に対するときのような気持ちで接し、自分は今、この患者さんに何ができるだろうか、と考えるべきなのです。

これは医療従事者だけの話ではありません。だれもが、自分の身近にいる、苦しみを抱えた人、悩みを持つ人に寄り添い、〝私とあなた〟という関係で、静かな対話の時間を持つことができたら、と僕は思います。

今現在、自分を苦しめる痛みや悩みにとらわれている人は、あなたが分け隔てない気持ちで接してくれるだけで、気持ちが鎮まることでしょう。あなたも、こうしなさい、ああしてみたら、と言うよりも、そっと傍らに寄り添い、その人のことばに耳を傾ける。悩みそのもの、つらい気持ちそのものを語ることばは、その人の口から洩(も)れることがないかもしれません。でも、それでもかまわないのです。饒舌(じょうぜつ)に声をかけるのではなく、ゆっくりとその人のことばを待つ。そして、その人の気持ちが和らぐような話題を見つけておしゃべりをする。そこには相手の心の動きを感じる、ちょっとした直感力も必要かもしれませんね。でも、なにより大切なのは、少しの間でも苦しみを忘れさせ、おだやかな笑顔の時間をつくってあげたい、とその人に寄り添う気持ちなのです。

（日野原重明著「いのちの使いかた　新版」小学館文庫　2017 年）

設問　著者の考える「人に寄り添うこと」を簡単に要約し、「看護職者が患者に寄り添うこと」についてあなたの考えを 800 字以内で述べなさい。

⑮ 2022年（令和4年）度　課題文型

日野原重明著「いのちの使いかた　新版」小学館文庫　2017年

設問　著者の考える「人に寄り添うこと」を簡単に要約し、「看護職者が患者に寄り添うこと」についてあなたの考えを800字に内で述べなさい。

攻略法（要点）—事前準備・事後学習として、**分析の視点の考え方を深める**ために以下の資料を配布し、説明した。

A 「寄り添う」の意味

B 患者に寄り添った看護

C 医療人の寄り添う

D 医学部小論文解答より

「患者に寄り添う医療とは？」

＊Ａ～Ｄは、インターネットから検索した資料

関根による分析の視点→使える持論（考え方）の紹介

1　川嶋みどり著「看護の力」岩波新書より

・弱い人、困っている人を助けたい、誰かの何かの役に立ちたいという思いは、誰もが共通にもっているのではないでしょうか。

・優れた看護師は何年仕事を続けていても「私は毎日何かを学んでいます」と言うものなのです。

２　私の本(「看護学部小論文入試問題解答文例解説集　第２集」）より　第３章　攻略法としての持論　⑤持論の紹介　216 ～ 221 ページから

・医療の道を志す者は、医療の対象が生身の人間であり、医療は人間のためにあることを常に心掛けることが大切である…（看護論）

・患者さんの立場になることで、どのように医療人に接してもらいたいのか、学ぶべき課題を問いただすことができる…（医療論）

・現代社会は複雑だ。患者さんの生き方や取り巻く環境 といったものに目を向ける機会に出会うわけではない。…（福祉論）

構想メモ（文章展開設計図）

2022 年度　防衛医科大学校看護

課題文型小論文

出典：日野原重明著「いのちの使いかた　新版」小学館文庫 2017 年

著者の主張 ＋ **理由**・**出題者のネライ**

・人に寄り添うこととは、そっと傍らに……、と著者は述べている。

・なぜなら、なにより大切なのは…という気持ちが寄り添うことなのだから。それに対して私は…

つなぎの段落

・確かに、世間では医師の「３分診察」が…

・しかし、著者はなにげない会話を通じて
・以上を踏まえ、「看護師が患者に寄り添うこと」について私の考えを述べる。

考察1 ＝持論①

・一般的にも、人は誰でも身体の弱い人や困っている人を助けたい……
・まして医療人は患者さんへの医療ケアを通して手当や世話をする……
・即ち、人に寄り添うこととは、相手の立場に立って察していく姿勢が重要……

考察2 ＝持論②

・例えば、終末期医療の患者さんを考えてみよう。
・患者さんのQOL、即ち、生命の質、人生の質、生活の質を考えた心構えを……
・仮に余命いくばくもない患者さんの場合、この世に生まれてよかったという演出をしていくのも医療人の果たすべき役割であろう。

考察3 ㊒

・昔の友人と喜びの再会、孫にお見舞いに来てもらい……様々な工夫をするのも、患者さんの視点で今、何が必要なのかを考えた……
・最後に、人に寄り添うこととは、人の心（の思い）を察するからこそできる振る舞いである。

2022年度　防衛医科大学校看護 「人に寄り添うこと」

人に寄り添うこととは、そっと傍らに寄り添い、その人のことばに耳を傾ける。そして、その人の気持ちが和らぐような話題を見つけておしゃべりをすることである、と著者は述べている。なぜなら、なにより大切なのは、少しの間でも苦しみを忘れさせ、おだやかな笑顔の時間をつくってあげたいという気持ちが寄り添うことなのだからと。それに対して私は賛同する。（著者の主張＋理由）

確かに、世間では医師の「３分診療」が問題になっている。しかし、著者はなにげない会話を通じてひとりの人間として大切に思っていますよ、という気持ちが、相手にも伝わるのだという。またそれが、患者さんと医師の間の信頼関係を育むと述べている。以上を踏まえ、「看護職者が患者に寄り添うこと」について私の考えを述べる。（つなぎの段落）

一般的にも、人は誰でも身体の弱い人や困っている人を助けたいと考えている。助けることで自分という存在の証しを求めるものだ。まして医療人は患者さんへの医療ケアを通して手当や世話をする仕事である。従って、患者さんの立場に立った時に、どのように医療人に接してもらいたいのか、学ぶべき課題を問いただすことができるであろう。即ち、人に寄り添うこととは、相手の立場に立って察していく姿勢が重要であると私は考える。（一般論（寄り添うことについての持論））

例えば、終末期医療の患者さんを考えてみよう。患者さんのQOL、即ち、生命の質、人生の質、生活の質を考えた心構えを持つことが必要であるだろう。仮に、余命いくばくもない患者さんの場合、この世に生まれてよかったという演出をしていく（患者さんに寄り添う）

のも医療人の果たすべき役割であろう。昔の友人と喜びの再会をさせる、孫にお見舞いに来てもらう、誕生日会を催し皆でハッピーバースディを歌いお祝いをするなど、様々な工夫をするのも、患者さんの視点で今、何が必要なのかを考えたケアの一環だ。 （例・終末期医療からの例）

最後に、人に寄り添うこととは、人の心（の思い）を察するからこそできる振る舞いである。 結び

2022年度　防衛医科大学校看護　「人に寄り添うこと」

人に寄り添うこととは、そっと傍らに寄り添い、その人のことばに耳を傾ける。そして、その人の気持ちが和らぐような話題を見つけておしゃべりをすることである、と著者は述べている。なぜなら、(

)寄り添うことなのだからと。それに対して私は賛同する。 （著者の主張＋理由）

確かに、世間では医師の「(　　　　　)」が問題になっている。しかし、著者は（　　　　　　　　　　　　　）ひとりの人間として大切に思っていますよ、という気持ちが、相手にも伝わるのだという。またそれが、患者さんと医師の間の信頼関係を育むと述べている。以上を踏まえ、「看護職者が患者に寄り添うこと」について私の考えを述べる。 つなぎの段落

一般的にも、人は誰でも身体の（　）い人や（　）っている人を（　　）たいと考えている。（　）けることで自分という存在の証しを求めるものだ。まして医療人は患者さんへの医療ケアを通して手当や世話をする仕事である。従って、患者さん 一般論（寄り添う

の立場に立った時に、どのように医療人に接してもらいたいのか、学ぶべき課題を問いただすことができるであろう。即ち、人に（　　　　）こととは、相手の立場に立って（　）していく姿勢が重要であると私は考える。

ことについての持論）

例えば、終末期医療の患者さんを考えてみよう。患者さんのQOL、即ち、（　　）の質、（　　）の質、（　　）の質を考えた心構えを持つことが必要であるだろう。仮に、（　　）いくばくもない患者さんの場合、この世に（　　　）てよかったという演出をしていくのも医療人の果たすべき役割であろう。昔の友人と喜びの（　　）をさせる、孫にお見舞いに来てもらう、（　　）日会を催し皆でハッピーバースディを歌いお祝いをするなど、様々な工夫をするのも、（　　　）さんの（　　）で今、何が（　　）なのかを考えたケアの一環だ。

患者さんに寄り添う（例・終末期医療からの例）

最後に、人に寄り添うこととは、人の心（の思い）を（　　）からこそできる振る舞いである。

結び

■著者プロフィール■

関根　和男（せきね　かずお）

自修館中等教育学校講師を経て
前看護受験予備校 / 臨床アカデミー講師
（正看・准看 / 小論文 / 防衛医大・看護大学の各コース）

看護学部
小論文入試問題解答文例解説集
第❸集

2023 年 7 月 5 日　初版第 1 刷発行

著者　　関 根 和 男
編集人　清 水 智 則　　発行所　エ ー ル 出 版 社
〒 101-0052　東京都千代田区神田小川町 2-12
信愛ビル 4 F
e-mail　info@yell-books.com
電　話　03(3291)0306
F A X　03(3291)0310

乱丁・落丁本はおとりかえいたします。

＊定価はカバーに表示してあります。

ISBN978-4-7539-3546-8